Eva Joly

Est-ce dans ce monde-là que nous voulons vivre ?

*avec la collaboration
de Laurent Beccaria*
Préface inédite de l'auteur

Les Arènes

Nous n'en sommes pour l'instant qu'à la saison des Argousins. La vraie saison des juges viendra demain, ne vous en déplaise ; et ce sera celle des juges justes.

MARC BLOCH

Je ne saurais donner de justification à cette confiance dans l'avenir de l'homme qui m'habite. Il est possible qu'elle ne soit pas rationnelle. Mais le désespoir, lui, est irrationnel : il ne résoud aucun problème, il en crée même de nouveaux et il est par nature une souffrance. Il est vrai que certains de mes récits finissent par des catastrophes ; mais si nous y prenons garde à temps, nous avons les moyens, l'intelligence et la force d'y pourvoir.

PRIMO LEVI

Ce livre est dédié à tous ceux qui ont payé de leur vie le refus de la corruption, aux journalistes et aux magistrats qui sont morts en faisant simplement leur métier, notamment :

FRANÇOIS RENAUD, juge d'instruction à Lyon, assassiné le 3 juillet 1975.

DON BOLLES, journaliste à l'*Arizona Republic,* mort dans l'explosion de sa voiture le 2 juin 1976 aux États-Unis. Il enquêtait sur les relations occultes entre les entreprises, le monde politique et le crime organisé.

PIERRE MICHEL, juge d'instruction à Marseille, assassiné le 21 octobre 1981.

HERNANDO BAQUERO BORDA, magistrat à la Cour suprême de justice colombienne, assassiné le 31 juillet 1986.

ANTONINO SAETTA, président de session à la cour d'appel de Palerme, en Sicile, assassiné le 26 septembre 1988 en compagnie de son fils Stefano.

IVAN MARTINEZ VELA, président de la Haute Cour

de justice de l'Équateur, abattu de trois balles le 24 octobre 1988.

GIOVANNI FALCONE, magistrat au parquet antimafia de Palerme, assassiné ainsi que son épouse et trois gardes du corps le 23 mai 1992.

PAOLO BORSELLINO, magistrat au parquet antimafia de Palerme, assassiné ainsi que cinq membres de son escorte le 19 juillet 1992.

VERONICA GUERIN, journaliste spécialiste des affaires criminelles au *Sunday Independent*, abattue par balles en Irlande le 26 juin 1996. Elle avait publié de nombreuses enquêtes sur la pègre et le trafic de drogue florissant en Irlande.

NORBERT ZONGO, directeur du journal *L'Indépendant*, assassiné au Burkina Faso le 13 décembre 1998. Il avait révélé plusieurs scandales financiers mettant en cause des proches du président Blaise Compaoré.

HECTOR JIMÉNEZ RODRIGUEZ, juge au tribunal supérieur de Medellín, en Colombie, assassiné le 17 octobre 1999.

CARLOS CARDOSO, journaliste d'investigation mozambicain, assassiné en novembre 2000. Il dénonçait depuis plusieurs années la corruption au plus haut niveau des appareils politique et judiciaire et enquêtait, au moment de sa mort, sur une affaire impliquant la Banque commerciale du Mozambique.

GUEORGUI GONGADZE, journaliste à l'origine d'un site Internet voué à la dénonciation de la corruption des autorités ukrainiennes, enlevé en septembre 2000. Son cadavre décapité a été découvert deux mois plus tard.

Feng Zhaoxia, journaliste au quotidien chinois *Gejie Daobao*, retrouvé mort, la gorge tranchée, le 15 janvier 2001. Il avait dénoncé dans ses articles les connivences entre des groupes mafieux et certains responsables politiques locaux.

Gueorgui Sanaïa, journaliste sur la chaîne géorgienne indépendante *Rustavi 2*, abattu d'une balle dans la tête le 26 juillet 2001. L'émission quotidienne qu'il animait s'était distinguée par les accusations de corruption et de racket qu'elle avait portées contre le parquet et le ministère de la Sécurité nationale.

Jorge Mynor Alegría Armendáriz, journaliste à *Radio Amatique*, en Colombie, assassiné devant son domicile par des inconnus le 5 septembre 2001. Il dénonçait la corruption des autorités.

Paul Nkoué, magistrat camerounais, assassiné le 17 février 2002.

Harun-ur-Rashid, journaliste pour le quotidien *Dainik Purbanchal*, assassiné au Bangladesh le 2 mars 2002. Il avait publié des articles sur le crime organisé dans le sud-ouest du pays, et en particulier sur les dérives mafieuses du Purba Bangla Sharbahara Party.

Valeri Ivanov, rédacteur en chef d'un journal de la ville russe de Togliatti, assassiné en mai 2002. Il venait d'écrire une série de reportages sur la corruption de fonctionnaires locaux.

EDGAR DAMALERIO, reporter à Radio *DXKP* et directeur du *Zamboanga Scribe*, assassiné par balles aux Philippines le 13 mai 2002. Il avait publié de nombreux articles sur la corruption des milieux politiques et policiers.

SONNY ALCANTARA, directeur de la publication du journal philippin *Kokus* et journaliste de télévision, abattu d'une balle dans la tête le 22 août 2002. Il se savait menacé en raison de ses articles à l'encontre de l'ancien maire de San Pablo City.

HECTOR RODRIGUEZ, magistrat au tribunal administratif de Guatemala City, assassiné le 12 janvier 2003.

GUILLERMO BRAVO, journaliste de télévision, et JAIME RENGIFO, reporter de radio, assassinés les 28 et 29 avril 2003 en Colombie. L'un comme l'autre avaient révélé des scandales de corruption et dénoncé les agissements des groupes armés.

Le lièvre de la corruption
et la tortue de la Justice

Seule la confiance qui est la nôtre dans la sagesse de Jean de La Fontaine peut nous permettre d'observer avec encore un peu d'espoir la situation actuelle de la lutte contre la grande corruption... Il est en effet désolant de constater le décalage entre l'explosion des détournements financiers, qui s'accumulent sous nos yeux, et la lenteur de la riposte de la communauté internationale.

Certes, nous avons signé en grande pompe à Mexico en décembre 2003 la première convention de l'ONU contre la corruption. Mais en dehors de belles déclarations de principe qui n'engagent que ceux qui croient encore aux paroles de tribune, seuls deux ou trois points constituent de véritables progrès : l'effort d'harmonisation des législations nationales, la possibilité pour les pays du tiers-monde de rapatrier les fonds détournés et la consécration de la notion de « personnes politiquement exposées », qui est une des clés de l'avenir.

C'est un tout petit pas pour la Justice, alors que les délinquants de haut vol, eux, ont chaussé des bottes de sept lieues, en profitant de la mondialisation. Ces grands prédateurs jouent en virtuose de toute la palette des paradis bancaires et des services offerts par nos établissements financiers si respectables.

Ce fossé croissant renforce l'inquiétude démocratique contemporaine. Notre conviction est qu'il existe une *question de la corruption*, liée à la mondialisation, tout comme les démocraties ont dû affronter une *question sociale*, à la fin du XIXᵉ siècle, avec l'essor de l'industrie lourde. Comme dans les années 1880, il s'agit d'obtenir des dirigeants politiques et économiques qu'ils modifient d'eux-mêmes une situation injuste, dont ils tirent par ailleurs d'immenses profits.

Les activités les plus sensibles à la grande corruption, qui tiennent sur les doigts d'une main, appartiennent au premier cercle du pouvoir : l'énergie, les grands travaux, l'armement, les télécommunications et l'exploitation des ressources minières. L'enjeu stratégique est indiscutable ; le secteur de l'énergie concentre sept des quinze premières entreprises mondiales. Sur ces marchés étroitement dépendants des États, au sein desquels les industriels du monde entier ont établi des relations endogamiques avec leurs gouvernements, se sont répandues des habitudes criminelles de « prélèvements », de « bons échanges », de « rétro-commissions » ou « d'abonnements » — autant de mots délicats pour nommer le vol et la prédation la plus brutale, qui concernent de 5 à 50 % des contrats. Le marché global a permis l'apparition d'une corruption globale. Il ne s'agit pas d'un cancer généralisé contre lequel la volonté humaine serait impuissante. Le mal est extrêmement concentré et pyramidal. À l'échelle d'un grand pays européen, la grande corruption ne concerne pas plus de cent nationaux et deux cents à trois cents personnalités étrangères. Bien qu'ils détiennent, de manière directe ou par leurs réseaux d'influence, la main du jeu politique, ils peuvent et doivent être contrôlés en priorité.

L'Appel de Genève, lancé par sept juges anticorruption européens en octobre 1996, préconisait une libre circulation des informations judiciaires, qui reste une revendication capitale. Des progrès en ce sens ont été accomplis, mais encore trop parcellaires. Ce n'est pas suffisant. La Déclaration de Paris, promue en juin 2003 par une vingtaine de personnalités internationales du monde judiciaire et politique ainsi que de la défense des droits de l'homme, appelle à un renversement de perspective.

Les faits sont là : la sanction de la grande corruption est rarissime. Il faut des circonstances exceptionnelles pour que la Justice arrive à se frayer un chemin entre les pressions politiques, les immunités, les souverainetés de pacotille, le secret défense, et la pesanteur de systèmes judiciaires dociles.

Nous devons changer les lignes du débat et créer des obligations particulières pour toutes les personnes politiquement exposées et leur entourage et passer directement de la sanction exceptionnelle à la prévention systématique. Cette notion nouvelle de « personne politiquement exposée » est promise à un grand avenir. Elle recouvre les principaux décisionnaires politiques, administratifs et économiques. Les dirigeants des grandes sociétés ne cessent de justifier leurs rémunérations astronomiques par des responsabilités écrasantes. Les hommes et les femmes politiques plaident, la main sur le cœur, le sacrifice quotidien qui est le leur au service de la communauté.

Prenons-les au mot et créons, pour ces citoyens au-dessus de tout soupçon, qui sont nos élites et qui décident de notre avenir, des systèmes de protection démocratique qui les préservent des tentations de la grande corruption.

Mettons en place une veille bancaire sur leurs comptes pour tout mouvement financier d'ampleur. Interdisons aux établissements bancaires d'ouvrir un compte, dans leur pays et à l'étranger, au nom d'une personne politiquement exposée, sous peine de mettre en cause la responsabilité pénale du banquier. Cette disposition est l'un des points essentiels de la Déclaration de Paris. Plus de 30 000 citoyens nous ont déjà rejoints, par piles de courrier ou par mails en cascade sur le site de ce mouvement d'idée. C'est à la fois dérisoire et merveilleux. À Mexico, nous avons apporté au secrétaire général de l'ONU ces premières signatures. Elles sont la première pierre de ce nouvel édifice démocratique que nous voulons bâtir.

Que chaque citoyen le sache : il suffirait de quelques dispositifs ingénieux et ambitieux, peu coûteux, et le terrain perdu par la Justice peut se rattraper en quelques mois. « *Il partit comme un trait ; mais les élans qu'il fit furent vains ; la tortue arriva la première.* » Comme nous aimerions que la fable ait raison...

E. J.

Ouverture

J'écris ce livre dans une maison en rondins, dans la montagne. Elle a été construite sur un terrain qui appartenait à mes ancêtres, lorsqu'ils étaient paysans. C'est un signe qui me relie aux générations passées, quand il leur fallait déployer tant d'efforts pour survivre. Notre opulence ne doit pas nous faire oublier que nos arrière-grands-parents ont vécu dans un monde aussi dur que peuvent l'être aujourd'hui les favelas de Mexico ou les plateaux du Sichuan.

Une amie me laisse souvent la clé de sa *hütte* depuis que je suis revenue vivre en Norvège. Les dimensions de la pièce où je travaille à ce récit ont, jadis, été ajustées à la taille des troncs d'arbres. Alentour, seules de rares fermes d'alpage au toit d'herbe occupent ce haut plateau de tourbe recouvert par ce que les Norvégiens appellent la laine des marais : des étendues d'herbes sauvages sous le vent. Là, j'ai l'impression d'être sur le rebord du monde. Les élans et les rapaces ont élu domicile dans ces montagnes de bruyères, de genévriers et d'airelles. Ils tolèrent simplement notre présence.

Dans les hivers sans soleil de Scandinavie, le froid peut tuer un être humain en moins de six heures. En norvégien, on dit de quelqu'un qu'il a « passé une nuit d'hiver dehors » pour dire qu'il a survécu à une épreuve redoutable.

J'ai vécu, à ma manière, une nuit d'hiver dehors.

En faisant simplement mon métier, j'ai été menacée de mort. J'ai avancé sous la surveillance des officines et des services secrets, soumise à une pression que je n'aurais jamais imaginée possible : j'ai été vilipendée et accusée des pires méfaits. Comme si le danger était du côté de la justice. Se perdre dans les questions sans fond du pourquoi et du comment n'apporterait rien. À chaque fois qu'un magistrat s'approche du pouvoir, qu'il soit officiel ou occulte, il est pris dans un engrenage qui le dépasse. C'est sans doute l'ordre des choses.

Mais lorsque le cyclone s'abat sur vous, lorsque vous subissez cette suite de manipulations et d'intimidations, lorsque se lèvent contre vous des forces aussi puissantes, les mots n'ont plus tout à fait le même sens.

Car la cible, c'était moi.

Bien sûr, je n'étais pas seule dans l'œil du cyclone. Nous étions une poignée de magistrats, de policiers et d'auxiliaires de justice à lutter contre ces vents contraires. La logique aurait voulu que nos efforts soient encouragés et relayés par les gouvernements successifs. Or nos investigations ont été surveillées, et parfois entravées. L'institution ne nous a pas protégés autant qu'elle l'aurait dû des pressions et des manipulations violentes qui se sont déployées. Il est même arrivé qu'elle les ait encouragées au sein de nos équipes. Voire qu'elle ait délibérément choisi de torpiller notre travail.

Lorsque, pour assumer sa tâche, on ne peut compter que sur son endurance, sa persévérance et son inconscience, la corde finit toujours, un jour ou l'autre, par rompre.

Dans les derniers mois du dossier Elf, ma résistance ne tenait plus qu'à un fil. Si elle n'a pas lâché, si je suis sortie sauve d'une instruction sous haute tension que j'ai pu mener jusqu'à son terme, je n'en suis pas quitte pour autant. Ce que j'ai vu et compris me donne des responsabilités vis-à-vis de mes contemporains.

Dans cette maison de trois fois rien, où il suffit d'un peu de bois coupé, d'une boîte de thé et de quelques pommes de terre pour passer la journée, le combat paraît inégal. Je mesure ce qu'il y a de dérisoire à écrire dans cette vieille *hütte* un témoignage sur les mœurs des maîtres de la haute finance, ces silhouettes rapides qui disposent de leurs jets privés et hantent les palaces des capitales européennes, pour qui une commission d'un million de dollars est un simple pourboire, ces hommes qui évoluent dans l'univers sophistiqué des sociétés *offshore* et disparaissent dans le silence ouaté des conseils d'administration.

Je pourrais m'installer là et me fondre dans la montagne. Le cours des choses n'en serait pas changé d'un iota. Mais il existe une tradition en Norvège. Pendant des siècles, à chaque naissance, on sélectionnait deux à trois cents pins dans la forêt. Leurs sommets étaient étêtés afin que les troncs poussent plus droits et plus épais. Ces arbres étaient réservés pour la future maison de l'enfant. Les bûcherons préparaient son avenir.

Ce livre s'inspire du même élan.

Nous sommes contemporains ; nous cheminons ensemble. Aucun d'entre nous ne peut se contenter de vivre isolé, dans sa bulle, guidé par son seul intérêt, fermé à tout horizon qui ne soit pas le sien. La vie, ce sont les autres. Le fléau que j'ai rencontré sur ma route, et dont je n'ai aperçu que la pointe émergée, n'a pas encore de nom. Par habitude, nous utilisons les mots de *corruption* ou de *délinquance financière*. Je parlerais plutôt d'*impunité* : une manière de vivre au-dessus des lois, parce qu'on est plus fort que la loi.

C'est le monde à l'envers.

Quelle économie peut fonctionner longtemps sans la confiance ? Quelle démocratie peut rester vivante si les élites ont acquis, *de facto*, le pouvoir de violer la loi et la garantie de l'impunité ?

Pourtant, telles les marées noires qui, hiver après hiver, déversent leurs cargaisons sur les côtes atlantiques de l'Europe, sans que l'on se soit préoccupé autrement que par de grandes déclarations de ces pétroliers sans propriétaires, dont les responsables se cachent derrière autant de sociétés écrans aux Bahamas, à Zoug ou à Malte, le fatalisme et l'impuissance se sont déployés. Chaque scandale remplace le précédent. La répétition engendre la lassitude. Puisque rien ne change, parlons d'autre chose. Le cynisme gagne du terrain.

Je ne m'y résigne pas.

Nous pouvons encore empêcher que nos enfants connaissent, à l'âge adulte, un monde où l'impunité régnerait parmi les élites, où seuls les citoyens lambda auraient des devoirs. Nos enfants ne méritent pas ça. Pourtant, si nous laissons se décomposer l'ordre du monde, qu'ils grandissent à New York ou à Buenos Aires, dans la banlieue de Kyoto ou de part et d'autre du Rhin, ils vivront sans le savoir tout à fait sous la férule de maîtres inconnus, à la fois injustes et invisibles.

CETTE histoire est universelle, mais c'est aussi mon histoire. En devenant magistrat, j'ai accepté de rendre la justice au nom du peuple. Je lui rends cette chronique. Mon histoire, si modeste soit-elle, lui revient. Elle ne m'appartient pas. De fait, l'action que j'entreprends aujourd'hui serait incompréhensible si je n'avais pas traversé ces récifs.

Un souci

Le destin ne se laisse pas enfermer. Il frappe à votre porte sans prévenir, même lorsqu'il s'abat sur un juge d'instruction, un rouage anonyme de la vieille machine à instruire et à juger.

C'est un matin comme les autres.

Plus ensoleillé peut-être, à la fin de l'hiver. Rarement le Palais de justice de Paris, ce bâtiment sublime niché dans l'écrin de la Seine et ses reflets d'ardoise, ne m'a paru si beau. Derrière ses hautes façades, c'est vite une fourmilière. Mon bureau : un placard perdu au bout d'un dédale. Huit mètres carrés utiles. Treize au sol. Des murs de dossiers. Une vieille machine à ruban sur la table. Une lampe grise de 60 watts, dont l'interrupteur est un miracle quotidien. Les murs du Palais ont vu passer tous les régimes ; le temps a rattrapé depuis longtemps ses galeries labyrinthes et ses chambres monumentales, toutes en boiseries et en stucs, ornées de fresques allégoriques. Dans les vieilles démocraties, la bureaucratie installe ses armoires métalliques et ses téléphones poussiéreux dans des bâtiments monumentaux, comme un vestige d'une splendeur défunte.

Depuis que j'ai intégré la galerie financière, après une mission enrichissante dans le meilleur de l'administration française — la direction du Trésor[1] —, je connais le pire de ce système. Je vais de déconvenue en déconvenue. L'administration judiciaire invente presque chaque jour une décision absurde selon le principe des Shadocks, ces petits personnages de dessin animé si populaires en France, dont la devise est : « *Pourquoi faire simple quand on peut faire compliqué ?* »

Heureusement, mon programme ce matin-là me redonne le sourire. Je fais le point sur les investigations en cours avec les hommes de la brigade financière. J'aime ces instants de travail en équipe qui tranchent avec la solitude des dossiers. Depuis mes premiers pas dans la magistrature, je m'entends à demi-mot avec les policiers. Nous avons le même goût du pragmatisme, de la vérification au ras du sol d'une facture de chauffage ou d'un agenda qui révèlent bien plus de secrets qu'une longue déduction intellectuelle.

Le diable se loge dans le détail.

Aujourd'hui, nous commençons dans l'ordre des affaires en cours. Chaque dossier est examiné au pas de charge. L'affaire Bidermann arrive sur le dessus de la pile. Les investigations policières

---

1. En tant que magistrat délégué au Comité interministériel de restructuration industrielle.

sont au point mort ; c'est une procédure de routine[1]. Ni eux ni moi ne sommes motivés par ce dossier. Le renflouement suspect d'une entreprise de textile, même par la première entreprise française[2], n'aiguise pas vraiment notre curiosité. J'instruis cet hiver-là des dossiers plus importants. L'affaire des Ciments français, qui concentre de forts soupçons de délits d'initiés et de présentation de comptes inexacts, mobilise toutes mes ressources. Pourtant, une petite lumière s'allume au cours de notre discussion. Des montages trop complexes, des circuits d'argent étranges... L'expérience donne des réflexes. L'intuition est un muscle qui se travaille, de dossier en dossier. Une somme de petits détails m'intriguent. Il faut en avoir le cœur net. Je donne un coup d'accélérateur aux recherches, lance de nouvelles directives. Et nous passons à l'affaire suivante.

Je sais aujourd'hui que ce jour-là, quelque part dans Paris, des rides d'inquiétude se sont formées sur les fronts pressés et affairés d'hommes de pouvoir. Ces rides que j'ai vues si souvent apparaître chez les témoins, dans mon cabinet, à l'heure de rendre des comptes.

1. Le 18 août 1994, après une enquête et la transmission d'un dossier par la Commission des opérations boursières, le parquet de Paris a ouvert une information judiciaire, confiée à mon cabinet, à propos des engagements financiers — apparemment excessifs et en partie masqués — pris par l'entreprise pétrolière Elf-Aquitaine en faveur du groupe Bidermann.
2. Au 31 décembre 1993, le groupe Elf était le numéro un français, avec un chiffre d'affaires de 209 milliards de francs, soit 31,86 milliards d'euros.

Pour eux, je suis devenue un souci.

Pourtant, je ne m'aperçois de rien. Dès le départ, il existe un décalage entre l'inquiétude que je suscite et ma perception du dossier. Ce temps de retard sera une marque de fabrique de l'instruction. Je ne le rattraperai jamais totalement. Bien sûr, la tentation est grande en soi-même de revisiter les événements en fonction de ce que l'on a appris ensuite. Mais c'est une vue de l'esprit et une falsification de la vérité. Comment, à cet instant, en lançant quelques vérifications sur un dossier subalterne, aurais-je pu imaginer que les détournements mis au jour se monteraient au final à plusieurs milliards de francs et entraîneraient le renvoi devant le tribunal correctionnel de trente-sept personnes mises en examen ?

Que sept ans plus tard, au lieu de cette maigre chemise jaune que nous avons ouverte ce matin d'hiver, le dossier représenterait plus de cent mille cotes judiciaires, huit cent cinquante scellés (soit 8 à 10 mètres cubes) et deux cent cinquante-six volumes ?[1]

C'est cette histoire qu'il convient de raconter. Plus encore que les faits eux-mêmes, les conditions de notre enquête font affleurer un monde souterrain qui échappe à la justice ordinaire et considère la loi comme un simple jeu de dupes.

---

1. Une fois scanné, le dossier remplissait, au premier jour du procès Elf, le 17 mars 2003, l'équivalent de deux DVD numériques ou encore de dix CD-ROM.

SAVOIR CE QU'IL EN COÛTE

Retracer le détail de nos investigations serait indigne du mandat qui m'a été confié. Les grandes lignes en ont été rendues publiques durant les trois mois du procès Elf. Mais au moment où j'écris ces lignes, l'affaire n'est pas encore jugée. On peut gloser indéfiniment sur le secret de l'instruction. J'ai pu constater combien il était devenu une fiction juridique. Mais il est encore inscrit dans le code pénal, et je ne vais pas commencer, à cinquante-huit ans, à violer un code que j'ai été chargée d'appliquer durant toute ma carrière.

En revanche, si la justice a besoin de calme et de silence, elle ne doit pas accepter de part d'ombre. Les menaces et les intimidations dont j'ai été la cible durant toutes ces années d'enquête ne sont couvertes par aucun secret professionnel. Il n'est écrit nulle part dans le code de procédure pénale qu'un juge serait tenu, de par ses fonctions, d'être la cible de rumeurs permanentes, d'écoutes téléphoniques sauvages ou de « conseils » ouvertement mafieux. Personne ne lui demande, en prêtant serment, d'avoir peur en ouvrant sa porte. Ni d'encaisser sans réagir les injures réitérées et les manipulations dont il est l'objet.

Il serait singulier que les manœuvres violentes que j'ai dû affronter restent cachées derrière le secret de l'instruction. Jusqu'à preuve du contraire, celui-ci est là pour protéger l'enquête et non les manipulateurs. Si ces derniers ont cru pouvoir librement accumuler provocations et intimidations sous son aile protectrice, ils ont eu tort. Ma liberté d'expression est constitutionnellement garantie, comme à tout citoyen européen.

De même, l'obligation de réserve n'est pas un commandement masochiste transformant tout fonctionnaire en saint Sébastien criblé de flèches. Mon honneur a été attaqué publiquement et mon intégrité professionnelle a été mise en doute. J'ai décidé d'user de mon droit à la parole parce que cette histoire fonde mon engagement actuel auprès du gouvernement norvégien. Faire reculer les frontières de l'impunité n'est pas un slogan : il faut savoir ce qu'il en coûte.

J'ai choisi dans ce récit, la plupart du temps, de masquer le nom de mes interlocuteurs, parfois pour protéger le secret de la procédure, le plus souvent pour ne pas les exposer en première ligne. Je procéderai par flashs successifs, dont chacun a une portée qui dépasse l'histoire particulière de cette instruction. Mais il m'est parfois impossible de séparer entièrement ces événements du contexte dans lequel ils se sont déployés. Ce que j'écris doit être vérifiable. Les menaces que j'ai reçues et l'ampleur des obstacles qui se sont dressés sur notre route doivent être exposées clairement pour que chacun puisse, librement, forger son opinion.

Un autre avertissement est nécessaire, en préalable à ce récit. Une enquête n'est pas une histoire qui se déroule de manière linéaire ; c'est une suite de vérités parfois contradictoires. Ce qui paraît acquis un jour est démenti par des vérifications incontestables un an plus tard. Une demande de renseignements bancaires à l'étranger, qui met deux à trois ans pour aboutir, peut éclairer d'un jour nouveau des interrogatoires antérieurs. Cette élaboration à étages des informations judiciaires est rendue plus complexe encore dès lors qu'il s'agit de délits économiques. La sophistication juridique et technique des montages financiers ne rend pas aisé ce récit. La chronologie n'a qu'une vertu de commodité ; elle n'est en rien l'image finale du dossier.

UN FEU QUI COUVE

Printemps 1995. Notre réunion d'enquête au Palais de justice, quelques semaines plus tôt, a été féconde. En creusant les premiers indices à notre disposition, le renflouement du groupe Bidermann apparaît sous un autre jour. Nous tirons chaque jour un peu plus le fil de laine, et c'est la pelote entière qui se déroule. Des flux en provenance d'Elf-Gabon[1] apparaissent dans les comptes de la firme de textile. Plus qu'une décision industrielle, ce montage pourrait cacher un arrangement occulte. Sans le savoir encore tout à fait, derrière

1. Une des filiales d'Elf, à la trésorerie abondante et au statut particulier puisque détenue à 50 % par l'État gabonais.

quelques anomalies de façade, nous sommes entrés dans un labyrinthe de sociétés, de doubles fonds, de fausses apparences et, visiblement, de vrais trafics[1].

L'affaire ne donne encore lieu, heureusement, qu'à quelques brèves dans les journaux, perdues dans le flot des dépêches. Mais c'est un feu qui couve dans mon bureau. Déjà, j'en sens le souffle particulier. J'auditionne de nombreux témoins, directs ou indirects, des faits litigieux. J'observe un décalage entre les éléments contenus dans le dossier, encore assez ténus, et le climat tendu qui règne autour de cette histoire.

Devant moi, des hommes solides, rompus au monde des affaires, se laissent rattraper par leurs souvenirs. Avec surprise, je les vois tour à tour pâlir ou bégayer, transpirer, avoir le souffle court. Leur regard s'échappe et fixe brusquement, sur l'étagère, les dossiers et leur étiquette manuscrite, à l'encre noire et au feutre rouge, comme pour se rassurer. La peur est une émotion incontrôlable, un vertige contre lequel on se bat pied à pied mais qui finit par vous submerger. Personne ne peut faire semblant, et je sens qu'ils ne jouent pas la comédie.

Leurs récits s'accumulent, tous plus stupéfiants les uns que les autres. Ils parlent de menaces de

---

1. Le 21 avril 1995, alors que l'enquête a déjà donné ses premiers fruits, la direction d'Elf porte plainte contre X dans cette affaire.

mort directes, de coups de téléphone nocturnes et haletants, de véhicules dégradés, de cambriolages d'intimidation où rien ne disparaît dans l'appartement mis à sac, de rumeurs d'assassinat propagées avec gourmandise, comme des avertissements déguisés...

Je sais, bien sûr, que l'univers d'un géant du pétrole n'a rien à voir avec l'enfance de la comtesse de Ségur ou les histoires de Roald Dahl. La plupart des gisements pétroliers commercialisés dans le monde se trouvent dans les sous-sols du Moyen-Orient, de l'Afrique de l'Ouest et de l'Amérique latine, tandis que les plus grands pétroliers du monde sont occidentaux. L'or noir n'est pas une simple formule. La conquête du pétrole et son exploitation sont une histoire sanglante, « *pleine de bruits et de fureur, racontée par un idiot* », sur laquelle Shakespeare aurait écrit une pièce s'il avait vécu à notre siècle ; une suite de coups fourrés et de coups d'État, de flux d'argent occultes et de négociations avec le diable.

Les hommes du pétrole baignent dans un monde où les usages ne sont pas tout à fait les nôtres. Ainsi, cet ancien directeur de raffinerie, salarié d'Elf, qui a longtemps travaillé dans des zones hostiles, au caractère bien trempé, solide comme un roc. Un jour, il me parle incidemment d'une lettre confiée à son avocat plusieurs mois avant le début de l'instruction, dans laquelle il explique que, s'il lui arrive un jour un accident, ce sera un assassinat. Je lis la lettre : elle désigne ses propres dirigeants comme les commanditaires potentiels.

Voilà comment ces hommes vivent.

« DES GENS D'ELF SUR LE TROTTOIR »

Le dossier dont je suis saisie est une affaire financière sur le sol français, entre des protagonistes qui — à cette époque — n'ont rien à voir avec le secret défense. Pourtant, les méthodes que je découvre sont inconcevables dans un pays démocratique. En temps de paix, des hommes et des femmes vivant au cœur de quartiers ombragés de Paris, dans de somptueux appartements donnant sur des avenues de rêve, ont aussi peur que des fugitifs traqués par un gang dans un terrain vague... Ils ralentissent en haut des escaliers de peur de voir apparaître une ombre. Ils ne prennent jamais leur voiture sans appréhension. Ils ne parlent plus au téléphone. Leur appartement est fouillé.

De procès-verbal en procès-verbal, de rapport en rapport, de contrat en extrait de compte, j'avance dans une ambiance de roman noir de bas étage, avec une différence de taille qui saute aux yeux : ces hommes et ces femmes craignent la police, puisque leurs poursuivants y ont aussi des entrées. Et ils n'ont aucune confiance dans les institutions, puisque leurs ennemis ont un pouvoir supérieur encore.

Je ne partage pas leur inquiétude ; je la constate. Un juge est comme un médecin qui, au bout de quelques patients, ne se trouble plus à la vue du sang. La violence qui s'installe dans mon cabinet d'instruction est celle des faits et des témoignages qui s'accumulent. Elle ne me concerne pas — du moins pas encore.

Les premiers mois sont semblables à ces ciels d'Île-de-France avant la pluie. Quelques filaments blancs avant la montée, lente mais inexorable, d'un voile noir qui annonce l'averse. Un soir, après l'audition d'un ingénieur d'Elf, je me rends compte que les nuages se sont accumulés au-dessus de ma tête. Durant sa carrière, cet homme a résisté à ses supérieurs et refusé d'exécuter des ordres qui lui paraissaient illégitimes. Il en a accepté les conséquences, inévitables dans son univers : avertissements anonymes, rumeurs de déstabilisation, menaces de mort directes...

L'audition se termine. Je reste seule quelques instants. Comme pour m'occuper les mains, songeuse, je rassemble des papiers épars sur mon bureau. Soudain, mon témoin frappe de nouveau à la porte. J'esquisse un geste de surprise. Aussitôt, un index sur la bouche, il me fait signe de ne pas réagir. Il prend un papier sur mon bureau et griffonne : « *Attention ! J'ai identifié des gens d'Elf sur le trottoir.* »

Un regard de quelques secondes, puis il repart.

Je comprends au quart de tour ce qui se passe. Cet homme connaît la musique. Il n'est pas devenu cadre dirigeant en se contentant de traverser, chaque matin, le pont de Neuilly vers la tour Elf de la Défense en sifflotant. Il connaît le dessous des cartes. Il sait ce qu'il fait. Par son geste, je comprends qu'il m'indique que mon bureau n'est pas sûr. Et que mon travail est sans doute sous surveillance.

DANS LA LIGNE DE MIRE

Chacun connaît la réputation sulfureuse des géants du pétrole dès lors qu'il s'agit de renseignements et d'actions clandestines, que ce soit les « sept sœurs » anglo-saxonnes ou leurs cousines françaises. Pour Elf, cette dimension occulte est inscrite dans ses gènes. Son fondateur, Pierre Guillaumat, a été le responsable des services secrets français à Londres pendant la Seconde Guerre mondiale. Il a ensuite été ministre de la Défense et responsable du programme atomique. De notoriété publique, il a installé dès la création de la société, à tous les échelons, des hommes à double casquette : industriels du pétrole et agents de l'ombre. Elf a entretenu un service de renseignements autonome, officiellement chargé de la protection des installations[1]. Dans les années 1980, cette di-

---

1. Au début des années 1960, Pierre Guillaumat dote le secrétariat général du groupe pétrolier d'une cellule de renseignements supervisée par un agent des services spéciaux en contact permanent avec le conseiller du général De Gaulle pour les affaires africaines, Jacques Foccart. Au cours des décennies suivantes,

mension s'est accrue avec l'explosion des commissions — versées à des « intermédiaires » censés faciliter la conclusion de tel ou tel contrat — qui cachent parfois des arrangements diplomatiques et la corruption de gouvernements étrangers. Dans cette orbite gravitent quelques officines peu recommandables, en France et en Afrique.

Aussi les réseaux successifs se sont-ils superposés dans l'organigramme de la société comme autant de couches sédimentaires. Être dans leur ligne de mire n'est pas une perspective particulièrement réjouissante.

Avec ce petit papier griffonné, je connais ma première inquiétude. J'ai déjà reçu quelques menaces dans une autre instruction. Mais cet incident cristallise soudain l'atmosphère tendue qui enveloppe les auditions des dernières semaines. Je me rappelle les menaces rapportées par des témoins : « *Tu vas prendre une balle dans le dos* », « *Si tu n'obéis pas, il t'arrivera un malheur* », « *Il m'a dit de faire attention en traversant la rue* »… Ces phrases prennent un relief accru.

Comparée à ce que j'ai vécu ensuite, la peur que j'ai connue ce jour-là me paraît disproportionnée. Mais en la matière, il n'y a pas d'échelle de Richter.

---

la sécurité d'Elf reste entre les mains des « services », que ce soit sous la direction du colonel Maurice Robert — fondateur, avec Jacques Foccart, du Sdece-Afrique —, de Patrice de Loustal — qui a dirigé le service Action de la DGSE — ou de Jean-Pierre Daniel, surnommé « le colonel » — un officier issu des services secrets. (*Cf.* « L'étrange interpénétration des services d'Elf et de la France », *Le Monde*, 28 septembre 1997.)

Le trouble se constate, c'est tout. Le soir, la tête collée à la vitre du train de banlieue qui me ramène chez moi, les événements s'entrechoquent. Je fais la part des choses, en remettant les différentes pièces du puzzle à leur place. Et je prends la décision de continuer à vivre comme avant, sans laisser la peur entrer dans ma vie.

Si j'avais été dominée par mon trouble, j'aurais pu clore discrètement l'instruction, sans faire de vague. Personne n'en aurait rien su. Le monde aurait continué de tourner. J'aurais replongé dans les faillites suspectes et les fraudes fiscales, avec quelques escroqueries à la carte bancaire… Quand je vois l'opprobre que j'ai dû affronter ensuite, en plus d'avoir risqué ma vie, quand je mesure le prix qu'il nous a, à tous, fallu payer, je me demande si le jeu en valait la chandelle.

Mais « j'aurais pu », « j'aurais dû » sont des expressions que je n'aime pas. Le français est une langue qui joue avec l'incertitude des sentiments. Il cultive le conditionnel ou le futur antérieur, ces subtilités nationales. Je suis plus prosaïque, plus concrète, plus norvégienne au fond. Il n'est pas question de me laisser intimider.

J'étais un souci ?

Je deviens un danger.

Menaces

L'affaire n'a pas encore un an et je reçois mon premier messager.

Dans l'univers de la politique sensible, des services secrets et de la police parallèle, le langage est codé et triangulaire. Un agent de la DST, de la CIA ou du Mossad ne frappe pas à votre porte un beau matin pour vous expliquer, droit dans les yeux, de quoi il retourne ni ce qu'il pense de votre action. Il utilise des intermédiaires qui transmettent des messages suffisamment sibyllins pour dire les choses sans les énoncer tout à fait.

Le premier messager s'appelle Franz — du moins c'est le prénom qu'il se donne. Il m'est présenté par un ami. Depuis plusieurs mois déjà, je suis l'objet d'une entreprise de séduction sociale. Une rencontre de fraîche date m'invite au théâtre avec son cercle d'amis. Je prends son empressement pour de la légèreté, ce bonheur d'être ensemble, de visiter des expositions raffinées, d'assister à de délicieux concerts et bien sûr, Paris oblige, de dîner entre soi.

Un soir, cet ami me convie à une fête à son domicile. J'accepte sans hésitation : comme la pression est montée autour de mon instruction, je saisis toutes les occasions de sortir pour me laver l'esprit et sentir l'air du dehors. Au bout de quelques minutes, un homme se détache d'un groupe. Mon ami me le présente sous le prénom de Franz. L'inconnu me prend à part. Avec ce ton à la fois caressant et ferme, si propre aux hommes de l'ombre, il m'avertit :

« *Madame, il faut que vous compreniez que 98 % des délits peuvent être jugés. Mais qu'il en reste 2 % que la justice ne peut pas régler. On appelle cela des secrets d'État. Il y a beaucoup d'intérêts puissants autour de vous. Faites attention. L'État a des gardiens de ses secrets. Et ils ne sont pas tendres. Il faut être raisonnable… »*

Dans ma tête, toutes les cloches se mettent à sonner. Je comprends que mon amitié a été utilisée. Je ne dis rien. J'écoute. Et dès le lendemain, je laisse un fossé s'instaurer entre ce petit groupe et moi. J'apprendrai quelques années plus tard que notre ami commun fréquente alors, sans penser à mal, l'entourage de l'une des personnes mises en examen les plus importantes du dossier Elf.

Il a juste servi de petit télégraphiste.

CHOISIR ENTRE LE MAL ET LE PIRE

L'engrenage de la pression est en place. Je peux même entendre le cliquetis du mécanisme qui s'enclenche. Je comprends que ma vigilance doit s'exercer également en dehors du Palais de justice, que cette instruction aura des répercussions sur ma vie personnelle. Désormais, je resterai sur mes gardes.

Je saisis également le message : il existe une ligne jaune à ne pas franchir. J'en conviens tout à fait. Je ne me fais pas la moindre illusion. Ce n'est pas à trois personnes et demie, avec un greffier et deux inspecteurs de la brigade financière — dont un à temps partiel — que nous allons faire la révolution et mettre à bas ce qui apparaît de plus en plus comme un système créé et encouragé au plus haut niveau de la République. J'ai mon idée sur la limite à ne pas franchir.

Et il est très possible que ce ne soit pas la leur.

Lorsque mes collègues me conseillent la prudence, je réponds : « *On ne gagnera jamais rien à être faible.* » Mon instinct me pousse à l'action. J'ai réuni de nombreux indices qui indiquent que des délits ont été commis. Un climat étrange s'est installé autour de moi. Il n'y a aucune raison pour que j'arrête mes investigations ; au contraire, les obstacles renforceraient presque ma détermination.

Cependant, la volonté ne se confond pas avec l'inconscience. Une lueur d'alerte s'allume en permanence devant mes yeux. Je n'instruis pas un dossier classique. Je découvre que la firme s'est dotée d'une organisation subtile, réservant la connaissance des tenants et aboutissants des contrats pétroliers à quelques personnes clés. À travers le maquis d'Elf et de ses innombrables ramifications, sa hiérarchie officielle et ses pouvoirs parallèles, j'ai le sentiment de pénétrer un pays inconnu, avec ses lois propres : un ensemble de règles informelles et beaucoup de non-dits. Né de la volonté du général De Gaulle, Elf est un levier de la diplomatie française. Au cours de l'enquête, je peux très bien poser le pied sur une mine, c'est-à-dire un de ces secrets qui ne sont pas du ressort de la justice.

Dans le gouvernement des hommes, il existe en effet des sujets qui échappent à la lumière de la démocratie : des négociations parallèles, des coopérations cachées permettant de fournir en armes des pays « sensibles » ou des alliances secrètes entre États qui n'ont pas vocation à être rendues publiques. En tant que citoyen, chacun peut le regretter. Mais en tant que magistrat, il m'est impossible d'occulter cette réalité. Notre pays a gardé des intérêts dans ses anciennes colonies d'Afrique ; la France est le troisième exportateur d'armes du monde, un acteur majeur du jeu nucléaire et un membre permanent du conseil de sécurité de l'ONU, avec l'action souterraine qui accompagne son statut.

Je dois intégrer l'existence de cette part engloutie de l'iceberg dans mon action. Aussi, je présente ma candidature pour suivre, en parallèle, les cours de l'IHEDN[1]. Puisque j'enquête dans ce milieu

---

1. Créé en 1949, l'Institut des hautes études de Défense nationale vise à donner à des responsables français, notamment ceux qui appartiennent à la fonction publique, aux armées et aux indus-

où la raison d'État le dispute aux trafics, autant m'ouvrir l'esprit et apprendre ce qui ne se trouve pas dans le code pénal ni dans le code du commerce. La France a conçu quelques institutions merveilleuses, et l'IHEDN en est une. Pendant un an, j'ai donc le privilège d'assister à des conférences de qualité, au milieu d'un parterre d'auditeurs de choix. Accessoirement, il me semble que, parmi mes compagnons de promotion, il se trouvera toujours un messager pour me joindre si j'approche d'un peu trop près ce qui ne regarde pas un juge.

Les dossiers sensibles exigent une approche politique et collective. J'écris *politique* et non *partisane*. La dimension collégiale est essentielle. Je me réfère souvent à mon expérience au Trésor. Notre commission étudiait la situation d'entreprises défaillantes. Elle devait choisir entre plusieurs inconvénients pour trouver une solution acceptable, ce qui revenait parfois à arbitrer entre le mal et le pire. L'important était que les entreprises vivent et surmontent le choc du dépôt de bilan.

Je garde la marque de ces années-là. Je sais que nous devons rendre des arbitrages qui ne s'appren-

tries sensibles, une information approfondie sur la Défense nationale — comprise au sens le plus large. Devenu un établissement public administratif en 1997, l'IHEDN est placé sous la tutelle du Premier ministre.

nent pas dans les livres mais dans la vie. J'échange donc en permanence les informations dont je dispose avec le parquet[1], qui, à mon niveau, se montre solidaire. Un terrain d'entente se dessine : me concentrer sur les éléments concrets qui peuvent constituer des délits, n'en négliger aucun, sans jamais me laisser berner par les rumeurs que l'on agite dans mon entourage, comme la muleta censée détourner l'attention du taureau dans l'arène.

UNE RÉSISTANCE IMPRÉVUE

Un juge d'instruction est parfois décrit à tort par les détracteurs de la justice française comme un Savonarole solitaire, chargé d'une mission purificatrice, claquemuré dans la tour d'ivoire de son dossier. Il ne ressemble pas non plus à cette caricature si souvent reprise du « petit chose » qui prendrait sa revanche sur les puissants.

Car le juge n'est pas seul.

Le mot de Napoléon à propos du juge d'instruction — « *l'homme le plus puissant de France* » —

---

1. La justice française distingue d'une part les juges du siège, inamovibles et indépendants, chargés des informations judiciaires et des jugements, et d'autre part les magistrats du parquet, soumis à l'autorité de la chancellerie, chargés de requérir l'application de la loi et de veiller aux intérêts généraux de la société. La liberté d'action du juge d'instruction est contrôlée par le parquet, lequel est susceptible de saisir la chambre de l'instruction de la cour d'appel compétente pour faire annuler certains de ses actes ou en faire effectuer d'autres.

est cité à tort et à travers. Il a bien sûr une part de vérité : sur le papier, dans le cadre de ma saisine[1], je dispose de pouvoirs importants qui vont des perquisitions aux placements en détention provisoire[2]. Mais les institutions françaises reposent sur un système complexe d'équilibres entre les magistrats qui est une bonne garantie contre les aventures individuelles.

Dans une affaire sensible, un juge d'instruction peut, bien sûr, n'en faire qu'à sa tête — du moins pour un temps. Mais la voie est sans issue. S'il avance dans son enquête en menant une guerre ouverte contre le parquet, si l'institution ne relaie pas son travail, au moins *a minima*, le dossier finit immanquablement dans les oubliettes du Palais de justice, où s'entassent les procédures annulées, ou bloquées, rejetées par le système.

Je me pose d'emblée une contrainte : mes investigations doivent être acceptées et soutenues par mes pairs, même si l'institution à laquelle j'appartiens tousse et renâcle au passage, parce que je pousse des portes qu'il est d'usage de laisser soi-

1. Le juge d'instruction ne peut informer qu'en vertu d'un réquisitoire — dit introductif — du procureur de la République qui présente les faits visés par l'information judiciaire (art. 80 du code de procédure pénale). Si de nouveaux faits délictueux sont portés à la connaissance du juge, celui-ci doit les communiquer immédiatement au parquet, auquel il peut demander d'étendre sa saisine par le biais d'un réquisitoire supplétif.
2. Depuis l'origine, le juge d'instruction disposait de la prérogative de placer un mis en examen en détention provisoire — à certaines conditions et sous le contrôle du parquet. Depuis la loi du 15 juin 2000, cette tâche est dévolue au juge des libertés et de la détention.

gneusement fermées. Je garderai toujours ce cap. Mon objectif est de renvoyer devant le tribunal ce qui peut être jugé et de me contenter de ce résultat, sans m'épuiser à de vaines chimères.

Je ne peux pas, depuis mon bureau, instruire de front contre l'État.

Je ne changerai pas d'opinion huit ans durant. Ce sont les circonstances qui changeront pour moi. À chaque étape, l'engrenage propre à cette enquête incandescente nous entraînera un peu plus loin que nous ne l'imaginions au départ. De fait, la réaction des dirigeants auxquels nous demandons des comptes n'est pas rationnelle. Dans leur univers, peuplé d'hommes politiques de premier plan et de figures de la finance, dont quelques prédateurs de haut vol, la justice n'existe que de manière accessoire. La loi doit s'ajuster à leur comportement et non l'inverse. Ils vivent dans l'univers de l'action sans contrôle, là où seul compte le blanc-seing du prince et la loi du plus malin : pas vu, pas pris.

Au lieu de raisonner avec froideur, de profiter de notre naïveté initiale et de la pesanteur de la justice, ils décident d'utiliser la manière forte : la manipulation et le bras de fer. Ils pensent que je vais plier et me soumettre. Or, si je vais pencher, frémir, hésiter, me tromper parfois, je ne renoncerai pas. Il arrivera même que leurs menaces confortent mes investigations, ce qu'ils n'avaient manifestement pas prévu.

Un matin, en arrivant au travail, je trouve un petit bristol vert. Il est coincé dans l'enveloppe en plastique transparente collée sur la porte de mon bureau 126, dans laquelle on glisse habituellement un carton d'avertissement afin d'éviter toute visite intempestive dans le cabinet d'instruction lors des interrogatoires.

Mais le bristol n'est pas réglementaire. Je déchiffre une liste de noms griffonnée au crayon dont je ne connais que le premier : celui du juge Renaud[1]. J'arrive en deuxième position. Les autres noms, m'apprendra-t-on ensuite, sont ceux de magistrats français tués depuis la guerre.

Tous sont barrés sauf le mien.

Dans les heures qui suivent, il m'est difficile de me concentrer pleinement sur ma tâche. Mon esprit s'envole en dehors des murs, assailli par mille pensées, tandis qu'en moi monte le dégoût et la colère : si d'aucuns pensent m'arrêter avec ce genre de provocation, ils se trompent.

AUTOUR DE LA MAISON

Mai 1996. Après dix-huit mois d'enquête intensive, l'affaire entre dans une phase décisive et se

---

1. Le juge d'instruction lyonnais François Renaud, l'un des fondateurs du Syndicat de la magistrature, a été exécuté en pleine rue par une équipe de trois tueurs, dans la nuit du 2 au 3 juillet 1975, alors qu'il revenait d'une soirée entre amis. Le crime n'a jamais été élucidé.

rapproche de l'ancien PDG d'Elf, Loïk Le Floch-Prigent. La situation est délicate. Six mois plus tôt, ce dernier est devenu PDG de la SNCF. Or l'entreprise publique est encore traumatisée par les grandes grèves de décembre 1995. Sur le plan judiciaire, cette nomination est une digue de protection. Elle rend délicates toutes les mesures coercitives à son encontre, si celles-ci s'avéraient nécessaires. Mais je ne peux pas faire comme si les faits n'existaient pas.

Le dossier s'épaissit. Je mesure physiquement la charge qui tombe sur mes épaules. Je sombre dans le sommeil avec ; je me lève le matin pour la retrouver. C'est une période entre chien et loup. La pression monte jusqu'à atteindre un degré mesurable par l'extérieur. Mes collègues me disent de faire attention ; des témoins me conseillent la prudence ; je sens la brigade financière sous tension après quelques auditions inquiétantes.

Est-ce la sensibilité du dossier qui déteint sur moi, la fatigue aidant ? Je me sens observée, épiée, parfois même suivie. J'appréhende de plus en plus mes voyages quotidiens en RER, surtout le soir. Il me semble croiser régulièrement des compagnons de voiture qui ne ressemblent pas vraiment à des employés de bureau.

Un soir — il fait très chaud —, un homme me suit depuis le quai de la gare. Il est large d'épaules. Ce n'est pas un de ces paumés que l'on rencontre parfois dans les trains de banlieue et qui vous approchent d'un peu trop près. Il ressemble plutôt à un sportif de haut niveau. Il me fixe durement. Pour la première fois, j'ai vraiment peur. Arrivée à ma station, je descends. Lui aussi. Je presse le pas. Il allonge le sien, puis me laisse brutalement prendre du champ.

Les jours suivants, des habitants de mon village nous font part d'un étrange va-et-vient de voitures. Plusieurs correspondants appellent à mon domicile et raccrochent immédiatement. Je mets cela sur le compte du hasard mais la nervosité monte encore d'un cran, à mon corps défendant.

L'engrenage du soupçon est inéluctable. Je crains qu'on ne sabote ma voiture. Je demande à un cafetier dont l'établissement est proche de la gare la permission de la garer sous ses fenêtres. Il promet de jeter un œil. Quelques jours plus tard, il m'assurera que des inconnus tournent régulièrement autour. Un climat incertain s'installe.

Le 5 juin, des voisins (nous habitons un hameau d'une dizaine de maisons) m'alertent : trois véhicules se sont relayés devant notre domicile, restant plusieurs heures à l'arrêt comme si leurs occupants attendaient quelque chose. Je leur réponds qu'on ne peut empêcher personne de se promener et qu'il ne faut pas s'en faire. Mais, par sécurité, je fais vérifier le numéro d'immatriculation d'un des véhicules, de couleur claire, que la femme de ménage a noté.

Le 11 juin, une autre voiture rôde ostensiblement devant notre maison, passant et repassant au ralenti en un ballet régulier pendant plusieurs heures. Un familier peut noter son numéro d'immatriculation et son modèle[1]. Je le transmets à la gendarmerie, qui me fait remarquer que les deux numéros sont identiques : celui relevé le 5 juin et celui du matin. Les deux véhicules, pourtant de couleurs distinctes, circulaient avec la même plaque d'immatriculation, évidemment fausse.

UNE DÉMONSTRATION DE FORCE

Le même jour, le procureur adjoint me convoque dans son bureau. Même s'il garde son élégance habituelle et la maîtrise de son comportement, je m'aperçois que son œil noir est plus brillant qu'à l'accoutumée et je perçois un léger tremblement dans sa voix.

« *Un ami de longue date a demandé à me voir. J'ai toute confiance en lui. Il m'a averti que vous étiez en danger. En vrai danger. Imminent.*

— *Est-ce que vous pouvez me dire qui c'est ?*

— *À condition que vous juriez de ne jamais le répéter.*

— *Je le jure.* »

Lorsque j'entends son nom, je comprends que l'affaire est sérieuse. L'ami du procureur adjoint est l'un de ces hommes politiques dont la France a le secret, avec une part de lumière, offerte au public, et une vaste action dans l'ombre, dans la

---

1. Il s'agit d'une Citroën AX de couleur sombre.

machinerie du pouvoir. Je vois mal ce genre d'homme, familier du secret défense, colporter une simple rumeur.

Le procureur adjoint me suggère de demander une protection policière[1]. J'hésite. Il serait infantile d'ignorer les signaux d'alerte : des témoins terrorisés, un ballet de voitures fantômes, des confidences alarmistes.

Bien sûr, je sais que si un pouvoir occulte et puissant, avec des ramifications internationales, a vraiment décidé de me supprimer, les techniques disponibles ne manquent pas ; nombre de magistrats italiens, tombés dans leur lutte contre la mafia malgré une protection rapprochée, en ont apporté la preuve macabre. Mais les policiers m'ont souvent assuré qu'en France, jamais une personne protégée par leurs soins n'avait subi de dommages. Nous optons pour la protection.

J'écris ma lettre dans la foulée, sans parler de ma conversation avec mon collègue mais en évoquant les voitures aux plaques falsifiées et en concluant ainsi : « *Ces faits intervenant dans un climat tendu, et alors que j'ai plusieurs gros dossiers en cours, je pense prudent de vous demander un dispositif léger de protection pour quelques semaines*[2]. »

---

1. Cette procédure, particulièrement lourde et coûteuse pour la collectivité, mobilise plusieurs équipes de policiers spécialisés en rotation. Déjà mise en place pour protéger les magistrats antiterroristes, elle n'avait encore jamais concerné les magistrats financiers.

2. Lettre à Madame le président du tribunal, 12 juin 1996.

Je subis les événements sans les maîtriser. Cette histoire tombe sur moi comme la foudre. J'imagine que l'été suffira. Après tout, cette décision peut se révéler dissuasive pour ceux qui cherchent à me déstabiliser...

La protection durera six ans.

Du jour au lendemain, je suis privée de territoire intime. Je ne peux aller nulle part sans une voiture et deux gardes du corps au minimum, parfois davantage dans les périodes critiques. En quelques semaines, la carte complète de mes relations est entre les mains de la police. Plus de rendez-vous dans des cafés. Plus de lèche-vitrines pour le plaisir. Plus de secrets. Plus de respirations. Je vis sous l'œil d'autrui.

Les premiers temps, la protection est ultrarapprochée, 24 heures sur 24. Les policiers posent leur arme sur la table du salon, veillent dans la pièce attenante à ma chambre. Ils relèvent le courrier, inspectent chaque pièce avant que je ne m'y rende. Ils me demandent de porter un gilet pare-balles. En marchant à mes côtés, ils transportent un coussin de kevlar en forme d'attaché-case censé servir de bouclier en cas d'éventuelle fusillade. C'est une démonstration de force qui s'adresse sans doute à la fois à ceux qui veulent me nuire et à moi-même, comme pour me faire comprendre la sensibilité du terrain.

En ce mois de juin, un témoin de l'instruction est menacé à son tour et doit être protégé par la police. D'où viennent ces menaces ? Je n'aurai jamais aucune certitude, simplement le pressentiment d'être l'objet de multiples attentions hostiles qui s'ajoutent sans se confondre tout à fait. L'esprit se tourne naturellement vers les personnes mises en cause, dont notre enquête dérange la tranquillité et parfois l'impunité. Mais celles-ci sont nombreuses à être impliquées : des cadres dirigeants, des pays étrangers, des entreprises concurrentes, des services secrets…

Il existe également des officines de déstabilisation économique. Elles sont mobilisées. En devenant magistrat financier, j'avais posé un préalable à mon mari : tout, chez nous, devait être en règle, de manière presque obsessionnelle. Pas une consultation à son cabinet médical échappant à l'impôt, même par étourderie. Bien m'en prendra : ma vie sera fouillée, facture par facture. Des amitiés lointaines seront exhumées. Des dossiers seront laborieusement montés et rapidement abandonnés tant ils manquaient d'éléments vraisemblables. Personne n'aura prise sur moi. Je pourrais en tirer de la fierté. Au contraire, c'est un sentiment de mépris qui monte aux lèvres devant ces méthodes qui ont déstabilisé le juge Eric Halphen et dont, en Italie, Antonio Di Pietro a fait les frais[1].

---

1. En novembre 1994, Antonio Di Pietro, substitut au parquet de Milan et figure de proue de l'opération *Mani Pulite*, a démissionné de la magistrature sous la pression, après avoir fait l'objet de multiples tentatives de chantage concernant sa vie privée.

Début juillet, tous les étages de la hiérarchie judiciaire sont sur le qui-vive. La date de la convocation de Loïk Le Floch-Prigent dans mon cabinet approche. Des rumeurs d'intervention politique se font insistantes. Elles sont toutes invérifiables et ne parviennent pas jusqu'à moi. Les bruits les plus insensés circulent. Un ami me confie avoir entendu, lors d'un dîner, un journaliste certifier qu'un émissaire m'avait remis 300 000 francs (45 735 euros) en liquide pour stopper mes investigations ! Cela me paraît tellement fou que je n'y prête même pas attention[1].

Le 4 juillet 1996, l'audition de l'ancien PDG d'Elf, la notification de sa mise en examen et la décision de son incarcération se déroulent dans un climat électrique qui déborde de mon cabinet. C'est le premier pic de tension d'une instruction qui en connaîtra bien d'autres.

COMME UN CERCLE ROUGE

Cet été-là, j'apprends à vivre dans deux univers. Celui de l'instruction, traversé par des turbulences,

---

1. Je verrai ressurgir ce serpent de mer pendant le procès Elf. Entre deux audiences, sous le manteau, d'un air entendu, l'avocat d'un prévenu prétendra devant témoins qu'il détient la preuve de ma corruption, sans bien sûr — et pour cause ! — avancer le moindre élément tangible. Le prix de ma forfaiture supposée a seulement été multiplié par cent en six ans : elle est désormais évaluée à 4,5 millions d'euros — ce qui montre au moins une réévaluation de mes mérites.

où les mots ont si souvent un sens caché, où les intérêts particuliers avancent à couvert des intérêts diplomatiques, où l'argent circule à la vitesse des satellites à travers la multitude des places *offshore*; et celui de ma vie personnelle, qui semble se dérouler sur une autre planète, plus proche de la vie d'une famille française sans histoires.

Je fais tout pour que la tempête que je traverse dans mon métier s'arrête au seuil de mon jardin. Malheureusement, la vie n'est pas toujours aussi simple. Étant dans l'action, d'une certaine manière j'occulte le problème. Alors que pour mon entourage, la protection policière qui ne me quitte plus matérialise le danger. Les officiers de sécurité et leurs armes incarnent physiquement l'épée de Damoclès qui pèse au-dessus de ma tête. C'est comme être atteint d'une maladie mortelle : la peur d'être contaminé éclaircit les rangs autour de vous. Elle ressemble à des ultrasons, inaudibles par l'oreille humaine mais qui trouent l'air en continu.

Il est difficile de faire comme si de rien n'était. Au moindre incident, les policiers portent la main à leur arme. Un samedi, en arrivant chez moi, je trouve le portail de la maison entrebâillé. Mes deux accompagnateurs dégainent aussitôt. J'ai à peine le temps de me souvenir que c'est le jour du jardinier et d'arrêter leur élan ! Leur métier est d'être sur le qui-vive et leur tension me traverse de part en part. Quand, dans la voiture, ils voient approcher une moto avec un passager sur le siège arrière, ils posent la main sur leur arme. Leur hantise, c'est le hasard. S'ils interprètent mal une situation, les conséquences peuvent être tragiques. J'évite ainsi la foule des trottoirs, car une bousculade anodine ne le sera jamais tout à fait. Je restreins mon périmètre d'action.

Je joue le jeu en respectant à la lettre les impératifs de sécurité qui m'ont été imposés, notamment ce triangle invisible qui doit m'isoler des autres lors de mes déplacements. Ces hommes qui m'accompagnent risquent, eux aussi, leur vie. Au fil des heures passées dans la même voiture ou le même avion, des liens solides se noueront entre nous, faits de petites confidences, de photos d'enfants et de souvenirs de voyages. Chaque bourrasque renforcera notre solidarité. Je me souviens de l'un d'entre eux, taillé en armoire à glace, à la vision du monde aux antipodes de la mienne, qui m'apporta un jour un bouquet de fleurs pour la fête des mères en me disant : « *Je me ferais tuer pour vous, Madame...* »

J'ai été profondément touchée, parce que c'était vrai.

Avec le temps, j'ai occulté bien des détails de ces jours fiévreux, parce que la vie a repris le dessus. Pour les besoins de ce livre, j'ai classé quelques papiers personnels et des souvenirs enfouis sont remontés à la surface, comme ce fax, écrit par un voisin. Je l'avais oublié. Il est daté du 15 septembre 1996, deux mois après l'incarcération du PDG d'Elf, et donne la tonalité de l'époque. « *Hier soir, vers 20 heures 15, une R25 aubergine, vitres teintées, aux passagers non visibles, était stationnée à 10 mètres de votre portail. À mon passage, dans mon véhicule, cette voiture a démarré brusquement et très vite. J'ai alors remarqué qu'elle était sans plaques d'immatriculation. En faisant le tour du hameau, rue des Tilleuls, j'ai remarqué une autre voiture R19, couleur foncée, sans plaques également, en attente, phares allumés. Les deux voitures se sont rejointes. J'ai fait demi-tour. Les véhicules se sont engagés dans la rue du Pas-Mauvais, je les ai poursuivies sur 300 mètres, pleins phares, de façon à leur faire remarquer que votre propriété était aussi sous la surveillance des voisins. Ensuite, j'ai téléphoné chez vous pour vous prévenir. »*

Des histoires comme celle-ci, combien en ai-je connues ? Dix ? Vingt ? Un jour, ce sont des « conseils d'ami », le lendemain un cercueil en bois arrivé par la poste ou encore un témoin rapportant des menaces de mort qui, malgré soi, font frissonner…

À force d'être partout, la menace finit par être nulle part. J'émets deux hypothèses. La première, inoffensive : les rumeurs vivent leur propre vie, elles rebondissent de bouche en bouche pour revenir en boucle, nourries simplement de l'avidité humaine, tant le spectacle d'une femme aux prises avec le danger est un alcool fort. Tous ces messagers involontaires sont de simples miroitements de l'orage que je traverse.

La deuxième hypothèse est plus inquiétante : ces conseils appuyés, entre l'avertissement et la franche menace, sont décidément le signe qu'on ne lutte pas contre les intérêts supérieurs de son pays. J'en déduis qu'il n'y aura pas de hasard. La survie de mon instruction ne dépend pas que de mes gardes du corps mais aussi de notre capacité à rester sur la ligne de crête.

Un faux pas et c'est la chute.

Lorsque, aujourd'hui, les citoyens lisent le compte rendu des audiences du procès Elf, ils possèdent une clé pour comprendre ce cercle rouge qui m'entourait alors. En cet été 1996, je ne savais pas ce que nous allions mettre au jour. Mais nombreux étaient ceux, à Paris ou en Afrique, qui connaissaient l'ampleur des circuits de corruption à protéger.

Depuis la clôture de l'instruction, j'ai été frappée d'apprendre que beaucoup de gens en savent plus que moi sur l'étendue de la surveillance qui m'était dévolue et sur la précision du danger que j'ai traversé. D'une certaine manière, j'étais semblable à ces animaux sous les phares en pleine nuit, qui ne voient rien sauf un trait de lumière violent qui les saisit dans leur course et ne les lâche plus.

« CETTE MENACE EST PRESQUE TACTILE »

Alors que, logiquement, l'institution devrait faire corps et protéger l'une des siens, menacée

dans sa tâche, au Palais de justice ma situation aty-
pique provoque bruits de couloir et bruissements
de cafards : « *Vous avez vu ce cinéma !* » Personne
ne prend la peine de réunir mes collègues pour
leur expliquer en quelques phrases le sens de
cette contrainte. L'administration est un corps indifférent à tout sauf à sa propre tranquillité.

Le fantasme l'emporte sur la raison. Quoi ? Un
juge de base transporté aux quatre coins de Paris
aux frais de l'État, qui se voit offrir deux cerbères
qui le devancent dans l'ascenseur ou dans son
cabinet d'instruction ![1] Les gardes du corps cherchent à rendre la circulation fluide dans les
couloirs pour ne jamais laisser d'attroupement se
former. Ces consignes, qui sont une des bases de
leur métier, peuvent être interprétées comme de
l'arrogance de ma part.

Paradoxalement, cette protection devient un
privilège aux yeux d'autrui ! J'apparais comme
une princesse avec deux valets. Pourtant, je ne souhaite cette existence à personne. La vie quoti-

---

1. Un exemple de ces réactions à fleur de peau sera publiquement donné par Édith Boizette, doyenne des juges d'instruction
du pôle financier, dans un entretien récent avec deux journalistes du *Monde* : « *Je ne suis pas complètement persuadée qu'une protection policière qui s'étale sur trois ou quatre ans soit véritablement d'une
grande nécessité. [...] Au fond, c'est de la poudre aux yeux ! [...] Pour
[Eva Joly], la protection fait partie des signes extérieurs de pouvoir. [...]
C'est un avantage acquis que je ne lui envie pas du tout. Je préfère rentrer
chez moi avec ma petite voiture. [...] Nous sommes confrontés à une
interrogation sur l'ampleur du danger, sa nature réelle.* » (*Où vont les
juges ?*, Laurent Greilsamer et Daniel Schneidermann, Fayard,
2002, pp. 54-55.)

dienne se transforme en pensum, morne et fade, sans légèreté ni imprévu.

Certains hommes de pouvoir à la vie bien réglée, habitués à s'engouffrer le matin dans leur bureau à heure fixe pour en ressortir imperturbablement, chaque soir, à la même minute, supportent cet étau sans y penser. Je le trouve terriblement écrasant. Comme toutes les femmes actives, je mène de front plusieurs vies, jonglant avec les autres dimensions de l'existence, préoccupée par des tâches prosaïques. Aller dans un grand magasin acheter des jouets de Noël avec deux policiers armés est un exercice incongru et pénible pour tout le monde. On se promet à soi-même que l'on ne recommencera plus. Rentrer avec son mari d'un dîner chez des amis, un dimanche soir, sous le soleil finissant, en devisant avec plaisir sur ce moment de bonheur et, en deux secondes, se retrouver la tête plaquée sur le plancher de la voiture parce qu'une alerte est donnée, cela gâche bien plus qu'une soirée.

Au bout de quelques mois, je demanderai d'ailleurs officiellement l'arrêt de cette surveillance. Cette demande sera refusée. La direction de la police renforcera même quelque temps le dispositif en doublant ses effectifs (de deux à quatre policiers) et en ajoutant une escorte moto, avant de revenir plus tard au régime antérieur. Les policiers de l'escorte ne m'en expliqueront pas la raison. Ce sont des hommes du silence. Un ami m'a montré cet hiver une interview de l'un d'entre eux, réalisée à l'époque par un étudiant en journalisme. J'ai compris à cette occasion ce que ces hommes pouvaient ressentir. « *Certaines menaces sont très sérieuses ; ce n'est pas de l'intimidation. Nous avons appris qu'un contrat avait été mis sur la tête d'Eva Joly par des gens qui avaient les moyens de se payer un tueur. Ces informations nous ont été confirmées par les services de renseignements. Parfois, on a l'impression d'être dans un film d'espionnage, cette menace est presque tactile... Quand on commence à avoir des informations comme quoi Eva Joly va se faire descendre si elle ne se calme pas, là on se fait du souci. Il y a beaucoup de tension autour d'elle. Arrivé à un certain niveau, c'est très dangereux.* »

J'affronte le regard hostile de mes collègues du Palais de justice, parce que je n'ai pas le choix. Pas un mot de sympathie. Pas un battement de cils de la part de magistrats que je côtoie depuis des années. Dans les couloirs, on m'oppose souvent une indifférence hautaine. Intérieurement, je suis blessée par cette attitude. Mais je me rends compte que cette hostilité n'est pas dirigée contre moi : elle est aussi une manière de refuser la réalité de l'affaire Elf.

Lorsque la justice s'approche du pouvoir, nos compas intérieurs s'affolent : nous confondons facilement la fièvre et son symptôme. Il est plus facile de se scandaliser d'une éventuelle faveur — comme si l'État mettait à mon service une voiture avec chauffeur aux frais du contribuable et satisfaisait les caprices d'une diva — que de s'interroger sur une démocratie dans laquelle enquêter sur le pouvoir et ses hiérarques met un juge en danger.

Cette réalité menaçante s'estompe parfois dans mon esprit. J'apprends à vivre sans y penser. Mais le ressac est violent. Ainsi ce général français de très haut rang, aux épaulettes constellées d'étoiles, dont je fais la connaissance impromptue au cours d'un cocktail d'ambassade... Nous pratiquons pendant quelques minutes l'art de la conversation. Soudain, il plante son regard bleu droit dans le mien.

« J'imagine que cela ne doit pas être drôle pour vous tous les jours, Madame. Cette agitation, ces pressions, ces menaces... Mais je pense que vous arriverez au bout. »

Je ne réponds pas. Il fait une pose de deux secondes. J'esquisse un sourire de remerciement. Et puis il reprend, froidement.

Ce sera une autre histoire si vous quittez le milieu du pétrole pour approcher celui des ventes d'armes. Chez us, il n'y a pas d'avertissement : si vous commencez à enquêter, je vous donne 48 heures... »

Son regard est aussi froid que ses paroles. Il insiste, comme pour incruster sa voix dans mon cerveau. J'ai le sentiment de recevoir un uppercut dans l'estomac mais je fais un effort pour ne pas vaciller. Alors la conversation repart sur un terrain neutre.

Dès lors, et jusqu'au dernier jour de l'instruction, à chaque fois que je prendrai une décision difficile, cet avertissement résonnera en moi, comme une pensée que l'on chasse du revers de la main mais qui revient toujours : « *Je vous donne 48 heures...* »

Heureusement, je m'efforce de ne pas penser à ces menaces tous les matins. On s'habitue à tout et l'esprit finit par ne plus voir l'évidence. Une amie m'a raconté un jour sa vie quotidienne à Beyrouth pendant la guerre du Liban. La banalisation de l'horreur était telle qu'elle s'est surprise un jour à écouter la radio pour savoir quelle route emprunter pour rentrer de la plage et éviter les tirs de mortiers... Toutes proportions gardées, bien sûr, j'ai parfois adopté un comportement semblable. Chaque nouvelle menace ravive la peur, mais les six autres jours de la semaine, je refuse d'y penser.

MON FIL D'ARIANE

Notre quotidien est d'abord une lutte permanente contre la bureaucratie judiciaire et policière. La pauvreté de nos moyens matériels rend presque dérisoires nos efforts. Une multinationale comme Elf possède des services financiers high-tech où des ingénieurs ultradiplômés, appuyés par des avocats d'affaires habiles, ont monté, des années durant, des systèmes de sociétés écrans et de prélèvements occultes invisibles, avec des ramifications sur plusieurs continents[1]. Dans un listing de transactions qui peut atteindre plusieurs mètres, nous devons parfois chercher un seul versement, en apparence semblable à tous les autres ! Nous accumulons les journées de douze heures, multipliant les auditions et les interrogatoires.

La surprise de nos interlocuteurs, lorsqu'ils entrent pour la première fois dans mon cabinet d'instruction pareil à une chambre de bonne, après avoir traversé le dédale des galeries du Palais de justice, sous 5 mètres de hauteur de plafond, devient un amusement.

Ces hommes n'ont pas mis les pieds dans un bureau d'administration depuis des lustres — sinon, à la rigueur, dans des cabinets ministériels. Le revers de leur veste est fleuri de la Légion d'honneur. Leurs boutons de manchette sortent des écrins de la place Vendôme. Le *Who's Who* leur consacre de longues notices. Ils nous montrent avec insistance qu'ils ne sont pas à leur place sur cette chaise un peu usée.

Certains laissent simplement affleurer un certain désarroi et perdent pied ; la plupart ne peuvent cacher leur morgue. Ce sont des animaux à sang froid, d'une intelligence déliée, passant brutalement d'une douceur convenue, presque mielleuse, à un ton cassant, haineux, implacable. Ils ont perdu l'habitude d'être contredits. À l'aise

1. À l'époque, le groupe Elf était officiellement présent dans cent pays, contrôlait plus de huit cents filiales et détenait des participations dans trois cent cinquante sociétés.

dans les exposés généraux, ils se troublent face aux détails prosaïques — ceux qui ne trompent pas. Alors, au mieux, ils tentent une négociation, bien que nous soyons sur le terrain de la loi et non du contrat. Au pire, ils perdent leur self-control et confondent le code pénal avec le juge d'instruction chargé de l'appliquer.

Presque aucun d'entre eux ne se risque à reconnaître l'évidence, parfois aussi simple qu'un versement d'argent suspect sur leur compte en banque personnel. Comme si l'argent avait été crédité à leur insu et dépensé par leur main droite sans connexion avec l'hémisphère gauche de leur cerveau. Je comprends peu à peu qu'ils *ne voient pas* les délits, parce qu'ils évoluent dans un autre monde, physique et mental.

Malgré tout, l'instruction avance à pas de géant durant cette année 1996. Nous préférons nous concentrer sur les faits concrets, sans chercher à embrasser l'ensemble, au risque de nous perdre. Au fil des jours, nos premières interrogations sont levées l'une après l'autre. Lorsque j'ai un doute, il me revient inlassablement en tête, comme une abeille qui bute contre la vitre. Je dois lever l'hypothèque, jusqu'à ce que je comprenne. Le jour où la réponse apparaît, ce sont de vrais moments de bonheur intellectuel.

Je distingue désormais les rapports de force, les alliances, les zones sensibles et les pans entiers du dossier qu'il reste à défricher. Les grandes fresques géopolitiques ou les confidences entendues

sur les pratiques des « sept sœurs » ne me troublent plus autant. Dans ce dossier, les détournements personnels semblent avoir atteint des
proportions inconnues jusqu'à ce jour.

Je tiens mon fil d'Ariane et je ne le lâcherai plus.

Sous pression

Au début de l'année 1997, l'affaire prend de l'ampleur. J'ai déjà l'impression d'avoir vécu plusieurs années en sa compagnie. L'étau se resserre autour de l'instruction. Certains, d'évidence, voudraient que nous en restions là. Plusieurs témoins s'affolent. Je ne peux pas citer leur nom sans violer le secret de l'instruction. Je sais qu'ils ont accès à des informations privilégiées que je n'ai pas. Une femme salariée d'Elf, à un poste stratégique, m'explique qu'elle détient des secrets si lourds que jamais elle ne les dévoilera, tant elle a peur des conséquences. Pour elle et pour moi.

Un autre jour, un petit délinquant entré en possession de documents compromettants et qui a essayé de jouer les maîtres chanteurs avec l'entourage d'une personne mise en examen dans le dossier assure avoir aussitôt été enlevé, menacé et battu. Il décrit le bureau de son interlocuteur, effectivement conforme. Il donne comme repère l'heure et la date précises d'un appel téléphonique. Vérification faite, celui-ci a bien eu lieu.

L'affaire n'ira pas plus loin, mais elle campe le décor de ces semaines à fleur de peau.

Un autre témoin est visiblement terrorisé. Il m'explique que, par accident, en travaillant sur un autre dossier, un service de renseignements étranger a surpris des écoutes le concernant. Ce service l'a contacté aussitôt. Ses interlocuteurs de l'ombre l'ont solennellement averti de menaces contre sa vie. Il a préféré quitter la France, et n'y revenir qu'après plusieurs mois.

Il est persuadé qu'il va mourir, et que je vais subir le même sort.

L'INCENDIE

Le 4 avril 1997, l'enquête met en cause André Tarallo, le PDG d'Elf-Gabon[1]. Dès que j'ai connaissance de ces éléments nouveaux, je rédige un mandat d'amener à son encontre. Je l'interroge. Compte tenu du montant des sommes en cause, la question de son incarcération se pose[2]. Le parquet me laisse libre. Ses avocats

1. Ancien élève de l'École nationale d'administration, promotion Vauban (comme Jacques Chirac), André Tarallo entre en 1967 à l'Entreprise de recherches et d'activités pétrolières (ERAP), dont il devient quatre ans plus tard directeur administratif puis directeur géographique pour l'Afrique. Il est nommé président d'Elf-Gabon en 1977, poste qu'il occupera pendant vingt ans. André Tarallo devient également président d'Elf-Congo (en 1984), d'Elf-Angola (en 1988), d'Elf Trading (en 1992)...
2. Aux termes de l'article 144 du code de procédure pénale, la détention provisoire s'impose lorsqu'elle est l'unique moyen de conserver des preuves, d'empêcher les pressions sur les témoins ou la concertation entre les mis en examen.

plaident pour la poursuite de ses activités, à un poste clé, aux frontières de la diplomatie et des affaires. À cet égard, le calendrier tombe mal : André Tarallo doit s'envoler avec Philippe Jaffré, le nouveau PDG d'Elf, pour un rendez-vous avec le président gabonais Omar Bongo.

Alors que ma tendance était à l'intransigeance, j'écoute les arguments des uns et des autres. Je m'isole pour réfléchir. Je peux rédiger une ordonnance de placement en détention provisoire ou laisser le PDG d'Elf-Gabon quitter mon bureau sans entraves. Il est plus de minuit. Je jauge la situation. André Tarallo n'est plus un jeune homme : le soir même, il devait fêter ses soixante-dix ans. Un coup de fil à l'avocat d'Elf me confirme également la réalité du voyage au Gabon prévu le lendemain, qui n'est pas une excuse inventée pour la circonstance. Je prends acte du premier pas qui a été franchi : un dirigeant important de la compagnie reconnaît posséder un compte personnel à l'étranger. Les risques de pression sur les témoins ou de disparition de preuves sont réduits du fait de cet aveu.

Je décide de laisser André Tarallo en liberté, en assortissant ma décision d'une caution record de plusieurs millions de francs qui témoigne de l'importance des fonds occultes mis au jour par l'enquête. Le samedi à l'aube, je rentre chez moi l'esprit en paix, avec l'espoir d'avoir renversé la vapeur dans le dossier. Au lieu d'un mur hostile, fait de menaces et de pressions psychologiques de toutes parts, je pense que je vais pouvoir instruire le dossier dans des conditions plus normales.

Je me trompe sur toute la ligne.

Dès le lundi, j'assiste à une escalade de la tension. En début d'après-midi, je découvre plusieurs passages des procès-verbaux d'interrogatoires de divers témoins entendus le vendredi reproduits au mot près dans *Le Monde*. Les fuites calculées vers la presse ont pour but d'amplifier l'incendie. Plus grave, ma décision de ne pas incarcérer André Tarallo est aussitôt recouverte par le soupçon. La rumeur selon laquelle j'aurais obéi aux injonctions du pouvoir politique prend, s'enflamme, s'enrichit chaque minute d'un nouveau détail. J'aurais reçu plusieurs coups de fil mystérieux qui auraient infléchi ma résolution. L'histoire paraît d'autant plus crédible que j'ai effectivement changé d'intention au cours de la soirée. Ma manière d'agir, qui laisse une large place au débat contradictoire, se retourne contre moi. Elle laisse prise aux fantasmes d'entente occulte.

Un de mes collègues les plus proches, qui me connaît pourtant de longue date et me voit quatre fois par jour, me demande les yeux dans les yeux : « *Est-il exact qu'Alexandre Benmakhlouf vous a appelée pour vous demander de ne pas incarcérer André Tarallo*[1] *?* » Je proteste. Je m'explique. Mon collè-

---

1. Alexandre Benmakhlouf est alors procureur général près la cour d'appel de Paris. Proche du pouvoir gaulliste, ce magistrat a été auparavant conseiller technique au cabinet de Jacques Chirac à Matignon (1986-1988), chargé de mission puis conseiller juridique auprès du même Jacques Chirac à la mairie de Paris (1988-

gue accepte en façade ma version des faits, mais au fond de son œil, dans la pupille, je perçois que le doute persiste.

J'apprends ensuite que des sources « bien informées », mais évidemment anonymes, affirment que mon interlocuteur clandestin aurait été... Jacques Chirac en personne. En trois jours, la rumeur est devenue fantasme. Pourtant, je l'affirme haut et fort : en sept ans, j'ai connu de nombreuses pressions, des petits télégraphistes, des menaces, des lettres anonymes ; je n'ai pas toujours été soutenue par ma hiérarchie, qui n'a pas hésité à se montrer hostile à l'occasion ; mais jamais le pouvoir politique n'est intervenu directement dans la gestion de mon dossier. Il est trop subtil pour cela.

Et il a tant d'autres moyens à sa disposition.

Quoi qu'il en soit, entre la rumeur et ma vérité, l'aiguille de la balance ne penche pas en ma faveur. Le dossier Elf est le premier qui s'approche de la République occulte[1]. Les sommes en jeu sont d'une ampleur encore inconnue dans un dossier

---

1991) ou encore directeur de cabinet du garde des Sceaux, Jacques Toubon (1995-1996).
 1. Depuis l'automne 2000, l'affaire dite de l'Angolagate, instruite par Philippe Courroye, a révélé d'autres versants de cette part d'ombre dans un dossier qui implique des intermédiaires en Angola, en Russie et en France. Selon les informations parues dans la presse, le montant des détournements présumés dépasserait 150 millions d'euros. Le magistrat instructeur a été, lui aussi, placé sous protection policière.

pénal. Nos repères disparaissent et la passion est plus forte que les faits.

Le président du Gabon, Omar Bongo, contribue à durcir le climat. Sous un pseudonyme qu'il utiliserait, dit-on, à l'occasion, je suis injuriée publiquement dans *L'Union*, le principal quotidien de son pays, dénonçant *« les histoires d'Elf-Loïk-Le Plouc-Tarallo-Jaffré et leur gonzesse norvégienne, Eva Joly, qui sent la morue... Les Français risquent de souffrir de cette nouvelle crise franco-gabonaise »*[1]. La presse fait état en parallèle d'un coup de fil tendu d'Omar Bongo à Jacques Chirac portant sur l'avancée de l'enquête.

L'instruction Elf approche la zone rouge des relations internationales. Car le Gabon est une chasse gardée de la France. Des accords de police et de défense étroits, vieux de quarante ans, ont été régulièrement renforcés. Outre l'exploitation de son pétrole par Elf, via des plates-formes *offshore* installées dans ses eaux territoriales, la France a acquis un droit de priorité sur l'exploitation de l'uranium gabonais, qui assure la pérennité de son programme nucléaire, civil et militaire et en fait la troisième puissance atomique du monde[2].

1. *L'Union*, 24 avril 1997.
2. L'extraction de l'uranium se déroule à Franceville, la cité natale d'Omar Bongo. Le gisement est exploité par la Comuf, dont le prédécesseur de Loïk Le Floch-Prigent à la tête d'Elf, Michel Pecqueur, ancien haut-commissaire à l'énergie atomique, prendra la présidence en quittant la tour Elf (*cf.* Dominique Lorentz, *Une guerre*, Les Arènes, 1997).

La Françafrique gronde[1]. Et moi qui pensais avoir choisi l'apaisement !

Quinze jours plus tard, un lundi en début d'après-midi, le jeune commissaire en charge de l'affaire Elf au sein de la brigade financière cherche à me joindre. Au froncement de sourcils de Serge Rongère, mon greffier, je comprends qu'il se passe quelque chose de grave. Je m'approche de son bureau. Serge me passe directement le combiné.

« *Madame Joly, les scellés de la perquisition chez le décorateur d'André Tarallo ont disparu.* »

La voix du commissaire est tendue à l'extrême. Je refuse de le croire. Je suis sûre qu'il s'agit d'un malentendu.

« *Quelqu'un les a déplacés, vous allez les retrouver sur une étagère...*

— *Non, nous avons vérifié partout. La caisse n'est plus là.* »

Je vois rouge. Et je me mets en colère.

« *C'est inconcevable. Vous allez vider les poubelles, fouiller les faux plafonds, déplacer les bureaux... Vous avez une obligation de résultat !* »

Un vol de pièces de procédure dans les locaux de la police est un événement encore inconnu.

1. Employée au début des années 1970 dans un sens positif par le président ivoirien Félix Houphouët-Boigny, l'expression « Françafrique » a connu une deuxième jeunesse au début des années 1990 parmi les détracteurs des réseaux français en Afrique. jusqu'à recouvrir désormais l'ensemble des relations endogames entre la France et ses anciennes colonies africaines.

L'immeuble de la rue des Rentiers est aux quatre cents coups. Chacun se rend compte de la portée de cet incident. Heureusement, nous apprenons rapidement que la procédure n'en pâtira pas. Car le hasard nous a été favorable. Les policiers sont rentrés de leur perquisition à Saint-Tropez le vendredi avec les documents saisis. Le samedi, le commissaire était de permanence. Il en a profité pour rédiger la synthèse des documents et pourra, heureusement, me faxer la copie des pièces importantes. L'effraction n'aura donc aucune incidence directe sur l'instruction.

Mais le sens de ce fric-frac spectaculaire est à chercher ailleurs. À défaut d'un vol de panique, nous sommes peut-être face à une intimidation. Une manière de montrer avec éclat qu'aucune institution n'est à l'abri et que certains de nos adversaires sont dans les locaux de la police comme chez eux... Une information judiciaire est aussitôt ouverte, confiée à l'une de mes collègues.

La semaine suivante, nous partons plusieurs jours en perquisition pour divers dossiers de mon cabinet, en Normandie puis en Corse. Nous enchaînons les opérations matinales. Une perquisition est un marathon qui commence à l'aube et se finit souvent bien après le crépuscule. Chaque détail de la procédure doit être scrupuleusement observé car un infime décalage dans l'enchaînement des opérations, comme l'oubli d'une simple signature, peut entraîner l'annulation de toute la procédure. Grâce à la vigilance de notre équipe, en sept ans, jamais une perquisition importante ne sera annulée dans le dossier Elf[1].

Lorsque nous bouclons nos ceintures, dans l'avion du retour, notre commissaire se confie. Il se sent suivi, surveillé. Ses mots sont hésitants. Il se racle la gorge. Parle à mi-voix. Un climat oppressant s'est installé autour de lui, de sa jeune épouse et de leur bébé. Il cherche à mettre sa famille à l'abri. Je comprends que je ne suis pas la seule à vivre sous tension et que nous sommes tous dans le même triangle du danger, juges et policiers confondus.

Le lendemain après-midi, c'est le coup de théâtre. Je reçois un appel laconique sur mon portable. Le commissaire et son équipe figurent parmi les premiers suspects. Ils ont été interpellés par la police des polices.

Aussitôt prévenue, je veux me rendre sur place. Le commissaire principal de la brigade financière m'en dissuade : médiatiquement, mon arrivée compliquerait la situation sans rien arranger. Aussitôt, je téléphone au directeur de la police, à celui de la DST, au procureur général... Je leur explique la situation. Le policier avait déjà rédigé sa synthèse. Faire disparaître ensuite les factures n'avait pas de sens. Je n'ai pas de doute : c'est une

---

1. Une seule opération mineure a été annulée par la chambre d'accusation, qui a considéré que nous avions agi hors saisine.

manipulation à son encontre. J'avertis mes interlocuteurs : même si une perquisition miraculeuse
trouvait les scellés cachés dans son garage, je ne
croirais pas à sa culpabilité. Et je le ferais savoir.

Il est relâché quelques heures plus tard, sans
suite.

Le lundi matin, je me rends à la brigade financière à titre personnel. La tension est palpable.
Les yeux sont baissés. Personne ne veut me regarder en face. Je lis sur les visages l'incompréhension
et la haine suite à cette garde à vue. Je leur parle
pendant trois quarts d'heure. Je prends la défense
du juge en charge de l'enquête sur le vol, qui a
sans doute voulu « fermer toutes les portes ». Mais
j'insiste sur la confiance entière que j'ai en eux :
ce coup fourré est simplement le signe que les
forces liguées contre nous sont puissantes.

L'atmosphère change peu à peu. Les nuques se
redressent. Nous partageons une pizza. La quiétude
revient. Un peu solennel, l'un d'entre eux se lève :

« *Désormais, on va tous se mettre à travailler pour
vous.* »

C'est gagné.

Au retour, j'apprends que le président du tribunal me convoque. Avec ma naïveté coutumière, je
pense qu'il veut me féliciter pour avoir rétabli le
contact avec les policiers. Le président m'accueille
d'un ton patelin, très enrobant. Mais il me passe
un savon en termes diplomatiques.

« *Permettez-moi, Madame, de vous le dire : vous ren-dre à la brigade financière n'est pas ce que vous avez fait de mieux...* »

Je suis choquée par ce souci des convenances qui, de tout temps et en tout lieu, sert de bous-sole à la hiérarchie judiciaire — jusqu'à l'absurde. Je me rappelle aussitôt une réplique d'une saga viking. Et très contente de ma trouvaille, je ré-ponds sur le même ton, avec un sourire appuyé :

« *Si l'un de nous deux a tort, il n'est pas sûr que ce soit moi.* »

Je sors de son bureau le sourire aux lèvres.

Dans les jours qui suivent, deux ans après le début de l'enquête, je reçois plusieurs menaces de mort directes. Jusque-là j'étais seule, comme un paratonnerre qui attire la foudre. Désormais, la tempête souffle à l'intérieur de l'institution et tente de déstabiliser toute notre équipe, jusqu'aux policiers.

Le 30 avril, je demande de l'aide pour partager le poids du dossier.

Le 6 mai 1997, le président du tribunal codési-gne à mes côtés Laurence Vichnievsky, une jeune magistrate de dix ans ma cadette que je connais seulement de vue. Élancée, élégante, pleine d'aplomb et les yeux rieurs, elle dégage énergie et assurance. Elle a la tranquillité de « *ceux qui sont nés du bon côté de la vie* », comme l'écrivait Céline.

Le courant passe aussitôt entre nous. Dans notre duo, elle sera le contrepoids et le contrepoint. J'apprécie sa connaissance fine des rouages politiques de l'institution, qui nous aidera parfois dans la procédure. Dans les temps troublés qui s'annoncent, je sens que nous ne serons pas trop de deux.

Cette intuition se vérifie lors de la grande perquisition que nous organisons à la tour Elf dans la foulée de sa désignation. Cette opération marque un tournant. Pour ma collègue, c'est une initiation brutale. Pour le dossier, c'est un renversement de front. Partie civile dans le volet Bidermann du dossier, et donc victime d'une escroquerie supposée, la firme pétrolière a été rejointe par les nécessités de l'instruction. Nous avons remonté la chaîne des versements d'argent et des responsabilités. Plusieurs de ses dirigeants doivent désormais s'expliquer.

Installée dans le quartier d'affaires de la Défense, où les gratte-ciel des années 1970 et 1980 dominent Paris, la tour Elf est un building de verre en forme de cristal de quartz, avec ses cinquante étages, ses centaines de bureaux, sa panoplie d'ascenseurs et de salles high-tech...

Seule, j'aurais sans doute souffert lors de cette perquisition rendue nécessaire par l'enquête. C'est une opération à haut risque, dans un milieu de cadres dirigeants où les hommes comptent facilement en milliards. La direction d'une multinationale est habituée à ce que les êtres se plient à sa volonté. Être deux est un atout capital.

Nous avons soigneusement préparé notre opération, un plan de la tour étalé sur la table. Il s'agit de ne pas se tromper de cible et de neutraliser, le temps de la perquisition, les bureaux de la direction et le centre nerveux de la sécurité, pour éviter toute fuite inopinée. À 9 heures, nous nous présentons à l'accueil. Et en quelques minutes, notre équipe investit ses objectifs.

Jusqu'à 3 heures du matin, soit plus de vingt heures d'affilée, dans une ambiance à couper au couteau, nous confectionnons plus de quarante scellés. Dans le bureau chargé de la sécurité, nous découvrons des pièces suspectes qui ne concernent pas notre instruction : relevés d'écoutes téléphoniques illégales, notes blanches des Renseignements généraux, copies sauvages de procès-verbaux de dossiers d'instruction en cours, rapports sur des assassinats mystérieux en Afrique, traces de financement politique occulte, etc. Nous remettons en main propre ces éléments au procureur de Nanterre, qui nous rejoint à la tour Elf. Puisqu'elles ont été découvertes dans sa juridiction, la suite à donner à ces pièces dépend de lui. J'apprendrai ensuite qu'aucune information judiciaire n'a été ouverte.

Le soir de cette journée marathon comme l'instruction en connaîtra tant, nous rentrons en voiture sur les quais de la Seine. Nous sommes silencieux, avec une chute de tension due à l'arrêt des hostilités. J'entends alors Serge, mon greffier, toujours aussi imperturbable, tiré à quatre épingles, lui dont l'élégance vestimentaire est aussi celle du cœur, me demander d'un air songeur :

« *Avez-vous remarqué, Madame, comme les façades baroques sont belles ?* »

Cette remarque est sa manière à lui de reprendre pied dans la réalité. C'est la nuit, mais il nous est impossible de dormir. Avec Laurence Vichnievsky, nous décidons de nous arrêter boulevard Saint-Germain, dans un café encore ouvert. Nous partageons pour cette occasion si particulière un verre de rhum, qui scelle notre accord.

Entre nous, comme dans toute relation humaine, il y aura des ombres et des lumières, des désaccords passagers et des victoires partagées, mais jamais cette solidarité profonde, inexplicable sinon par l'alchimie mystérieuse des rencontres, ne manquera entre l'une et l'autre. Dans les pages qui vont suivre, je m'exprime le plus souvent à la première personne. Je n'ai ni vocation ni mandat pour parler à la place de Laurence. Mais le lecteur doit savoir que du jour de sa nomination au jour de son départ, chaque décision d'instruction sera prise en commun.

Dans l'œil du cyclone

À l'automne 1997, l'enquête s'oriente vers Christine Deviers-Joncour et se rapproche de Roland Dumas.

Ma situation personnelle se modifie. J'habite quelques semaines chez mon fils avant d'emménager, seule, dans un deux-pièces à Paris. Lorsque je quitte son studio, début décembre 1997, celui-ci est aussitôt cambriolé de manière acrobatique, les intrus passant par une petite fenêtre située au-dessus d'une cour à pic. Ils fouillent partout et n'emportent rien. Du travail de professionnels. Je me sens plus que jamais sous surveillance.

Quinze jours plus tard, l'appartement de Serge Rongère, alors en vacances, reçoit également une visite importune. Des cambrioleurs passent de nuit par le toit, marchant sur une gouttière qui surplombe vingt mètres de dénivelé. Pour prendre de tels risques, ils sont vraisemblablement encordés, ce qui réclame un entraînement et une volonté peu compatibles avec le maigre butin à espérer de l'effraction d'un studio. Ils ont également du culot : d'après un voisin, la lumière est restée allumée une bonne partie de la nuit. D'évidence, nos adversaires cherchent quelque chose. Un levier de chantage sur les protagonistes de l'enquête ? Des documents que nous aurions cachés ? Pourtant, comme dans la nouvelle intitulée *La Lettre volée*, d'Edgar Poe, il n'y a rien à trouver de ce côté-là sinon la clarté de nos mobiles et de nos méthodes.

Le 9 janvier 1997, au retour des vacances, il nous est impossible de pénétrer dans le cabinet d'instruction. La serrure a été forcée. Trois cambriolages en un mois et demi. Même sans être atteinte de paranoïa aiguë, j'ai l'impression d'être entrée dans l'œil du cyclone, et ce n'est pas le sentiment le plus agréable que j'ai éprouvé. J'écris une lettre circonstanciée sur ces incidents. Et je prends désormais des précautions : aucune copie n'est faite de ce courrier. Je demande une audience au plus haut magistrat de France, le président de la Cour de cassation. Je lui remets ma lettre en main propre. Je veux qu'il soit informé de tout.

Au cas où[1].

L'IMPOSSIBLE SECRET

Nous sommes environnés par un champ magnétique. C'est un sentiment étrange qui me rappelle

1. Un temps, il est question d'étendre la protection à Serge Rongère, mais cette intention n'aura pas de suite.

les aurores boréales du Grand Nord, avec leurs couleurs déroutantes et ces éclairs qui traversent le ciel sans raison apparente. Le calendrier s'accélère. Le lundi 26 janvier 1998, vers 10 heures, Laurence Vichnievsky et moi entrons en possession de pièces importantes concernant de nombreuses remises de fonds en liquide sur les comptes bancaires de Roland Dumas. Parfois, lors d'une instruction, certaines décisions sont difficiles à prendre. D'autres s'imposent immédiatement. Nous n'avons pas d'hésitation : il faut perquisitionner le domicile et le bureau de l'ancien ministre des Affaires étrangères pour reconstituer l'origine de ces flux — dont l'importance, d'ailleurs, a déclenché à l'époque une alerte auprès des services antiblanchiment de la banque, restée sans suite[1].

La perquisition fait partie du travail de routine d'un juge. En matière financière, la méthode est moins utilisée. Pourtant, j'ai rarement connu une perquisition inutile. Lorsque vous maîtrisez un dossier sur le bout des doigts, le moindre détail prend une force inattendue. Un Post-it oublié vous saute à la figure, alors qu'il a perdu toute signification pour celui qui l'a laissé traîner. Relevés de comptes, archives personnelles, mémos... Rien n'est inutile pour reconstituer l'enchaînement d'un délit financier, par essence discret puisqu'il concerne des flux occultes et des accords informels.

---

1. L'agence Maubert du Crédit lyonnais a signalé de nombreux dépôts en liquide à la maison mère. Il n'a pas été possible de retrouver ce dossier qui, selon les responsables de la banque, a été détruit dans l'incendie du siège social.

Nul n'ignore pourtant que notre décision est lourde de conséquences.

Roland Dumas est le président du Conseil constitutionnel, l'institution la plus prestigieuse de la République. Cela ne le place pas au-dessus des lois. Les mêmes faits, constatés chez un citoyen ordinaire, entraîneraient les mêmes investigations. Mais ses fonctions nous imposent une discrétion supplémentaire. La réputation du gardien de la Constitution doit être préservée. Comme c'est la règle, nous avons plusieurs échanges téléphoniques avec les enquêteurs et les membres du parquet. L'idée fait son chemin chez eux aussi. Nous esquissons les grandes lignes de l'opération.

En début d'après-midi, un incident étrange nous alerte.

Serge Rongère, le greffier de mon cabinet, est un militaire de formation qui a, quelques années auparavant, travaillé à l'Élysée. Il est sensible aux questions de sécurité, notamment aux techniques d'écoutes téléphoniques. Six mois plus tôt, en avril 1997, il a souscrit un abonnement de téléphonie mobile au nom d'une amie de confiance qui a accepté de lui servir de couverture, et n'a donné ce nom à personne. Serge me prête régulièrement ce portable sécurisé pour quelques coups de fil confidentiels. L'amie de Serge porte, à l'état civil, un prénom désuet, Josiane, que ni sa famille, ni ses amis, ni ses collègues de travail n'emploient, lui préférant un diminutif américain.

Or, juste après le déjeuner, le portable de Serge sonne. Une voix d'homme est au bout du fil.

« Bonjour, est-ce que je peux parler à Josiane ? »

Devant la surprise de Serge, le ton de son interlocuteur se fait menaçant et l'entretien se termine par une mise en garde. Dans l'état de tension qui est le nôtre, aux aguets, alors que nous sommes obsédés par la confidentialité de l'opération en cours, cette provocation nous ébranle. Nous disputons une partie d'échecs faite de signes indéchiffrables pour ceux qui ne sont pas plongés dans l'action. Cet appel montre que des yeux et des oreilles invisibles ont percé notre dispositif de protection. Ils ont acquis la maîtrise totale de nos communications et tiennent à nous le faire savoir.

En fin d'après-midi, la décision est définitivement bouclée. Juste avant 18 heures, nous faxons au représentant du bâtonnier de Paris une demande d'assistance pour le lendemain matin[1]. Par précaution, dans la nuit, l'ordonnance de transport est mise au coffre.

Nous avons l'impression de marcher sur des charbons ardents. L'affaire Elf entre directement dans le premier cercle du pouvoir. Le vieil adage policier me revient en mémoire : un secret confié à une personne n'est plus un secret. Au moins avons-nous limité la diffusion de l'information : deux policiers (et leur hiérarchie), deux magistrats

---

1. C'est la procédure à suivre compte tenu du statut professionnel de Roland Dumas, avocat inscrit au barreau.

du parquet (et leur hiérarchie) et le bâtonnier des avocats du barreau de Paris.

Le lendemain matin, à l'aube, nous nous présentons au domicile de Roland Dumas. La rue est déserte. Un moment, j'espère que chacun a tenu sa langue et son rôle. Mais en nous accueillant, avec un léger sourire d'excuse et un froncement de sourcils réprobateur, le président du Conseil constitutionnel nous apprend... qu'il a été prévenu de notre perquisition la veille au soir, peu avant 20 heures, par le coup de téléphone d'un journaliste dont il nous donne le nom[1].

Dans ma tête, les idées s'entrechoquent. La loi réprime sévèrement la violation du secret de l'instruction. La première responsabilité de toute personne qui détient une parcelle de l'autorité publique est de protéger l'enquête, même si celle-ci s'oriente vers le gardien de la Constitution. Je

---

1. Pour être franche, je ne suis pas tout à fait sûre que l'informateur de Roland Dumas ait été un journaliste et qu'il y avait un intérêt à nous donner son nom. Il s'agissait sans doute d'un leurre. D'autant que dans son livre *L'Épreuve, les preuves* (Michel Lafon, 2003), l'ancien ministre présente de cet épisode une version totalement différente : « *Je dormais profondément quand la sonnette retentit, à 7 h 30. Je n'avais aucune idée de la raison de ce coup de sonnette. Je me précipitai à l'œilleton... et pris très vite conscience des choses.* » De même, Roland Dumas rapporte le témoignage d'un voisin affirmant avoir été réveillé par « *un ballet de voitures important bien avant l'arrivée des magistrats et des policiers. Il s'était levé, avait ouvert ses rideaux et regardé par la fenêtre pour voir ce qu'il se passait. Le quai était littéralement envahi !* » (pp. 18 et 29). Je maintiens que les deux affirmations sont erronées : devant trois témoins, ce matin-là, Roland Dumas a affirmé avoir été prévenu de la perquisition la veille. Quant à la rue, elle était déserte à notre arrivée.

n'ose imaginer que la hiérarchie policière, judiciaire, ni que l'ordre des avocats l'ait transgressée.
J'en déduis que les communications téléphoniques
à partir du Palais de justice ne sont décidément
pas sûres.

Puisque nous sommes là, autant poursuivre
notre but. Les policiers font leur travail sans heurt.
La situation se complique lorsque nous devons passer à la seconde étape de la perquisition, le bureau de Roland Dumas, éloigné de son domicile.
Notre secret ayant été éventé, en deux heures,
l'information s'est répandue comme une traînée
de poudre : toutes les issues sont bloquées par les
reporters et les photographes, qui accourent. Les
relations étroites entre les journalistes des « informations générales » (faits divers, police, justice,
etc.) et la préfecture de police ont pu favoriser une
indiscrétion accidentelle — diffusée sur le « fil »
AFP dès 9 heures du matin. À moins que quelques
initiés aient voulu « affoler la meute » pour com-
promettre Roland Dumas.

Le mal est fait. Nous devons poursuivre notre
tâche et prendre une voiture pour nous rendre
au bureau du ministre. Il n'y a pas d'autre issue
que la porte cochère. Je n'ai pas le pouvoir de
police qui permettrait de repousser les journalistes. Nous tenons un rapide conciliabule et convenons qu'il faut affronter la cohue.

Roland Dumas nous précède. Il préfère monter
dans notre voiture, conduite par les gardes du
corps. Il prend place au centre de la banquette

arrière. Laurence Vichnievsky et moi l'encadrons.
Chacun tente de faire bonne figure. Pour Roland
Dumas, la situation est kafkaïenne. Pour nous, elle
est incontrôlable. Un tourbillon presque insoute-
nable de flashs nous aveugle. La photo fera le tour
des médias du monde entier et reviendra souvent
à la une comme symbole des instructions spectacles[1].

Longtemps je me reprocherai cette image. Sur
le moment, je ne prends pas la mesure du symbole. Mais un piège vient de se refermer sur l'instruction. Le président du Conseil constitutionnel
n'aura de cesse de chercher à nous confondre,
ses amis ajoutant moult détails à relents machistes
visant à me discréditer (je serais allée chez le coif-
feur, j'aurais acheté un nouveau tailleur...)[2]. Le
soir même, à la télévision, le garde des Sceaux,
Elisabeth Guigou, déplore que la présomption

---

1. Dans son récit, Roland Dumas affirme : « *On m'aperçoit entre
les deux juges comme un larron entre deux gendarmes. [...] Quand les
juges montèrent avec moi dans la voiture officielle du Conseil constitutionnel (comme si j'étais déjà en état d'arrestation), les crépitements redou-
blèrent. [...] Le piège était bien tendu.* », op. cit., p. 28. Je maintiens que
c'est lui qui a décidé de monter dans notre voiture et non Laurence Vichnievsky et moi qui nous serions imposées dans celle du
Conseil constitutionnel — les photos en font foi. Entre les deux
versions, il y a toute la nuance qui va de la vérité banale — une
situation imprévue et détestable à laquelle chacun essaie de faire
face — au fantasme de la machination.

2. « *Il m'est difficile de croire qu'il n'y a pas eu préméditation. Cette
multitude de journalistes donnait l'impression que l'on avait rameuté ces
paparazzi. L'objectif n'était pas la discrétion, mais au contraire la publicité. Qui pouvait profiter de cette mise en scène ? Qui sollicite sans cesse les
médias ? Qui se complaît à poser devant les photographes ?* », in Roland
Dumas, *op. cit.*, p. 29.

d'innocence ait été bafouée. Une ombre est jetée sur nos intentions. Le soupçon change de camp et la polémique finit par recouvrir les raisons profondes qui nous ont conduites à perquisitionner chez Roland Dumas. Pour sortir de son bureau, nous ne ferons pas la même erreur, d'autant que la disposition des lieux se prête à un subterfuge. En escaladant un mur, nous profiterons d'une deuxième sortie, dans une rue parallèle, pour rejoindre la voiture à l'abri des photographes.

La couverture médiatique démesurée de cette perquisition nous fragilise. Jusqu'alors, malgré les inexactitudes et les exagérations de circonstance, et en dehors de l'agressivité *ad hominem* du *Nouvel Observateur*[1], les médias avaient rendu compte avec ampleur mais sérieux de l'instruction Elf. L'époque était aux « affaires ». Le dossier apparaissait comme un nouvel épisode de cette longue et douloureuse histoire où la société française découvrait la délinquance de ses élites. L'étonnement venait des sommes d'argent mises en jeu, qui nécessitaient quelques chiffres supplémentaires avant la virgule.

Mais tout bascule en ce mois de janvier 1998. Nous sentons qu'un vent mauvais se lève. En approchant d'un homme politique de premier plan,

1. L'enquêteur vedette de l'hebdomadaire, Airy Routier, a pris fait et cause pour l'ancien PDG d'Elf. Selon son propre témoignage, il a été contacté au début de l'affaire par le lobbyiste Olivier Le Picard, qui travaillait pour Loïk Le Floch-Prigent et lui a présenté ses avocats. Je suis ainsi devenue la tête de Turc de ce journal, par ailleurs historiquement proche de Roland Dumas.

autorité morale de la République, l'affaire connaît une échappée médiatique. Le dérapage est incontrôlé. Lorsqu'un dossier atteint un certain degré de notoriété, il est victime de « la malédiction des coupures de presse » : les articles compilés, où la vérité et les erreurs se confondent, forment une histoire autonome, un feuilleton du mentir vrai. La vérité médiatique se nourrit d'elle-même, au risque de supplanter la réalité du dossier.

« QUI A TUÉ EVA JOLY ? »

Le cyclone ne s'apaise pas avec la fin de la perquisition. Le lendemain matin, l'ordinateur du principal enquêteur de l'affaire Elf montre des signes évidents d'effraction : son disque dur a été visité. Le commissaire principal de la brigade financière m'en informe après avoir reçu un appel d'un journaliste du *Monde* prévenu de l'incident. La presse est au courant d'un vol informatique à la brigade financière presque en temps réel. En tout cas, avant moi.

Il y a toujours un message à décoder. Chacun de nos faits et gestes est observé, voire anticipé. La moindre information est transmise aux journalistes, trop heureux de ces scoops tombés du ciel. Mais la véritable intention de leurs « gorges profondes » n'est pas d'instruire l'opinion. Ces informateurs de l'ombre cherchent plutôt à nous montrer que rien de ce qui nous arrive ne leur est étranger. Et que ce sont eux qui ont la main, comme au poker. Ce soir-là, une réflexion me trotte dans la tête alors que je rentre chez moi. À certains moments, une enquête ressemble au jeu du chat et de la souris. Mais les rôles peuvent s'inverser.

Dans cette instruction si particulière, il m'arrive d'être la souris.

Le terrain est devenu ultrasensible. Désormais, j'ai l'impression qu'à la moindre initiative une boule de feu médiatique va nous entourer, au risque de nous emporter. Combien de fois ai-je entendu cette expression, au cours de notre instruction : « *Vous allez ouvrir la boîte de Pandore* » ! Tout se passe comme si, pour avancer, il y avait un ticket d'entrée, un prix à payer dans la direction de la vérité, presque à chaque pas.

Comme le danger peut venir de partout, il nous rend méfiants face à toute intrusion extérieure. Je prends l'habitude de remplir une sorte de carnet de bord, pour garder une trace de l'enchaînement des faits. Nous ne parlons plus au téléphone que par sous-entendus ou onomatopées qu'il faut décoder. Les heures qui encadrent chaque audition importante s'écoulent sous haute tension, dans la crainte d'une fuite ou d'une manipulation.

Les intimidations ne s'estompent pas. Au lendemain d'une perquisition dans les bureaux d'un avocat, le greffier trouve la lampe de mon bureau renversée et dévissée et le cache-fil du téléphone ostensiblement déboîté. Comme lors du vol des scellés à la brigade financière, il s'agit de nous montrer qu'aucun sanctuaire n'existe et que mon cabinet d'instruction est ouvert au premier passe-muraille venu[1]. Plus tard, c'est la clé de mon appartement qui tourne dans le vide. La serrure, une fois de plus, a été forcée. À chaque incident, j'ai l'impression fugace d'être une proie entre les mains d'un rapace invisible.

Les éthologistes ont constaté que, soumis à des décharges électriques, le système nerveux des chimpanzés s'habitue aux agressions. Au fil des jours, il faut augmenter les doses pour provoquer une réaction de même amplitude. Au bout de quelques semaines, un animal endurci supporte des décharges qui, le premier jour, l'auraient aussitôt assommé. Lorsque la vie vous projette ainsi aux avant-postes, chaque poussée d'adrénaline vous atteint et vous immunise en même temps.

Je ne connais comme antidote que l'orgueil et l'action. Je m'habitue à la peur. Je vis avec elle comme on lutte contre une maladie honteuse. Mais ce n'est pas un sentiment noble. Elle rend moite et gris. Parfois, lors des pics de tension, je me lève en pleine nuit. J'ai des cauchemars. Je rêve que je suis poursuivie : je m'engouffre dans une cage d'escalier, je frappe à tous les étages. Les portes se ferment ou laissent simplement entendre des respirations angoissantes. J'ai un cauchemar récurrent : je vois un des gardes du

---

1. Une enquête sur ces faits sera diligentée, sans succès.

corps braquer son arme contre moi et me mettre en joue. Je me réveille en sursaut. Je quitte ma chambre et je vais dormir sur un canapé, de l'autre côté de la cloison où veillent les policiers.

J'apprends à vivre avec ces angoisses. Je sais que je dois tenir bon, sans me laisser envahir par la pression qui peut troubler mon jugement. Il me faut garder le souci obsédant, comme une abeille qui bourdonne à l'oreille, de faire mon métier. Simplement mon métier.

De ces moments de trouble, nous ne parlons jamais entre nous, par pudeur. Mais je suis sûre que de manière inconsciente, ils soudent notre équipe. Malheureusement, l'amitié qui s'est établie entre Laurence Vichnievsky et moi, la générosité des auxiliaires de justice qui accumulent, semaine après semaine, les journées doubles pour le même salaire, la confiance persistante avec les policiers de la brigade financière ou avec nos collègues du parquet, bref, ce courant humain qui se joue du danger ne parvient plus à franchir les étages qui nous séparent de la hiérarchie. L'élan des premiers mois, lorsque nous étions une équipe en première ligne sur le front des instructions sensibles, est oublié. Les entraves que nous subissons se retournent contre nous.

La mise en cause de Roland Dumas est semblable à une onde de choc dont la résonance s'accentue avec le temps. Ses amitiés de toutes natures et de diverses obédiences, sa familiarité avec le Palais de justice depuis les années 1950, son compagnonnage de Conseil des ministres avec le garde des Sceaux de l'époque, Elisabeth Guigou, et avec bon nombre des ministres du gouvernement Jospin, ses relations chaleureuses avec le président de la République, Jacques Chirac, sa fonction prestigieuse, clé de voûte de la Constitution... Tout se ligue contre nous. Selon une règle vieille comme l'administration, la solidarité de l'institution s'arrête là où commence sa tranquillité. Nous sommes désormais « le caillou dans la chaussure » du président du tribunal de Paris et du procureur général. L'instruction les met en porte-à-faux avec l'ordre naturel du monde, puisqu'ils doivent assumer une enquête qui provoque l'hostilité des autorités dont ils dépendent. La fêlure est inévitable. Insensiblement, notre équipe se détache du bloc judiciaire, comme un iceberg se sépare de la calotte glaciaire.

Les réactions de notre entourage dans les périodes de haute pression sont en général chaleureuses, parfois surprenantes. Elles oscillent entre deux écueils : l'effroi (qui tient à distance) et la légèreté (qui rend maladroit). Ainsi en est-il d'une collègue devenue peu à peu une amie. Son mari et elle me reçoivent régulièrement chez eux. Ils m'entourent de leur amitié sans compter. Un soir, son mari prend des airs mystérieux et enjoués. Je le sais à moitié écrivain. Il travaille à l'occasion au sein de maisons d'édition. Il veut me soumettre son dernier projet, un thriller à clés dont il a déjà le titre : *Qui a tué Eva Joly ?* Manifestement, il ne se rend pas compte de l'effet que cette phrase produit sur moi. Je suis muette d'indignation.

« *Ce sera drôle* », m'assure-t-il.

Je ne dois plus avoir le sens de l'humour.

Interférences

Au printemps 1998, un nouvel incident nous permet de déterminer de manière certaine que nos lignes téléphoniques sont effectivement manipulées. Un matin, le commissaire de la brigade financière nous alerte. Depuis plusieurs heures, il essaie vainement de nous faxer un document urgent de plusieurs pages. La communication se perd en route d'une manière qui lui semble étrange. De fait, deux bureaux plus loin la télécopie passe sans encombre.

Nous commençons dès lors à surveiller les humeurs du fax, qui met parfois plus d'un quart d'heure à recevoir une télécopie. Lorsque nous changeons l'appareil de ligne téléphonique, il se met à fonctionner correctement. Mais dans notre bureau, il a ses caprices et ses mystères. Nous appelons un technicien en renfort. Après vérification, celui-ci nous assure que notre matériel est en parfait état, si ce n'est « *un problème d'interférences* ». Il ajoute sur son rapport d'intervention : « *Site sensible, faire vérifier la ligne.* »

Notre lettre d'incident au président du tribunal rencontre le même silence agacé que les précédentes. Un peu plus de papier à glisser dans la broyeuse... Personne ne juge bon de vérifier quoi que ce soit. On se demande bien, en effet, qui, dans le dossier Elf, aurait intérêt à créer des « *interférences* » sur notre ligne — et les moyens de le faire ! Depuis le début de cette instruction, ne vivons-nous pas dans le meilleur des mondes possibles, entourés de justiciables respectueux des lois, dans la quiétude d'une enquête sans histoires ?

Le téléphone devient rapidement un mode de communication sommaire, réduit aux échanges sans conséquences. Au lieu d'être un allié, il encombre. Les moyens d'écoute sont aujourd'hui d'une sophistication qui relègue les instruments de James Bond au rang d'antiquités désuètes. Avec Laurence Vichnievsky, nous intégrons rapidement l'idée que lorsque le besoin s'en fait sentir, quelques hommes bien placés peuvent suivre nos travaux à ciel ouvert.

La preuve définitive nous en est fournie en mars 1998, lors d'un interrogatoire d'André Tarallo. Soudain, Laurence Vichnievsky fait irruption dans mon bureau et m'attire à l'extérieur — ce qui n'arrive jamais au cours d'actes de procédure aussi importants. Elle me conduit dans son cabinet et me passe, au téléphone, la présidente de la chambre d'accusation. Un quart d'heure plus tôt, celle-ci a essayé de me joindre. Mon téléphone n'a pas sonné, mais elle a eu la surprise... d'entendre en direct l'audition du PDG d'Elf-Gabon.

Mon téléphone est devenu micro clandestin, utilisable en composant simplement mon numéro interne. Je dresse un procès-verbal d'incident à destination de mes supérieurs. Aussitôt, la rumeur court les couloirs que je suis devenue paranoïaque ou mythomane... « *C'est sa folie des grandeurs !* » Je surprends des sourires entendus, des têtes qui se détournent ostensiblement sur mon passage. La rumeur enfle rapidement et me revient aux oreilles par vagues, toute la journée du lendemain. Il faudra que la présidente de la chambre d'accusation se rende chez le premier président de la cour d'appel pour témoigner de la véracité des faits.

Ainsi en est-il parfois de nos journées : passer notre temps à prouver que nous ne sommes pas folles, pendant que des violations aussi graves de la loi — telles qu'enregistrer le contenu d'un interrogatoire ou placer un magistrat sur écoute — ne mobilisent que nous-mêmes et ne troublent personne au sein de la hiérarchie judiciaire.

Nous vivons dans un étrange pays, où les vols de scellés, les écoutes sauvages, les filatures, les coups tordus, ces pratiques extraordinaires sont presque devenues notre ordinaire... Qui s'en émeut encore en France ? Dix ans durant, dans les dossiers que j'ai instruits, ne serait-ce que partiellement, la destruction des archives m'est apparue comme un sport national. J'ai connu successivement l'incendie volontaire embrasant les entrepôts du Havre, qui abritaient les archives du Crédit lyonnais ; l'incendie inexpliqué dévastant le siège social de cette même banque ; la destruction tout aussi mystérieuse des archives d'une filiale du Crédit lyonnais à la veille de ma visite ; la disparition-provocation d'une caisse de scellés dans les locaux de la brigade financière ; le cambriolage au siège de la FIBA, la banque franco-gabonaise, au lendemain d'une perquisition, pour nettoyer les tiroirs au cas où j'aurais eu envie de revenir faire un tour... Quand il ne s'agissait pas de broyeuses tournant à plein régime, par sacs entiers, dans les heures qui précédaient notre arrivée.

J'arrête là cette liste désolante de délits qui font ressembler la République française à une démocratie de façade où les criminels ont l'arrogance de l'impunité. Des réseaux organisés, appuyés sur une logistique sophistiquée, se permettent tout : harceler les magistrats, voler des procès-verbaux, cambrioler n'importe quel domicile ou détruire des pièces compromettantes... Mais le monde tourne à l'envers : les suspects semblent protégés, tandis qu'on se défie des magistrats.

NE PAS PERDRE LA FACE

Vue de l'intérieur, l'apathie de l'administration judiciaire dans l'affaire Elf est impressionnante.

Le mot *sécurité* lui est inconnu. Nos lignes téléphoniques ne sont pas contrôlées. L'informatique est vulnérable. Nos bureaux ne sont pas protégés. Nos hiérarques évoluent dans un monde irréel, comme si une cellule aux ordres d'un ancien président de la République n'avait pas été prise en flagrant délit d'écoutes sauvages[1], comme si les grandes entreprises d'armement et de pétrole ne disposaient pas de services de renseignements, et parfois d'action violente, et comme si les réseaux d'influence en tout genre ne se déployaient pas à tous les étages du pouvoir.

En dehors du pôle antiterroriste, les magistrats sont tenus de se débrouiller seuls face aux intimidations dont ils sont l'objet, qu'ils enquêtent sur le cambriolage d'une bijouterie ou instruisent un dossier comme le nôtre, portant sur plusieurs milliards de francs de détournements, soumis à des pressions émanant de hauts responsables français et étrangers.

Lorsque, au Palais de justice, j'obtiens un verrou supplémentaire pour mon bureau, dérisoire

---

1. Ouverte en mars 1993, l'instruction sur les écoutes de l'Élysée a mis en lumière les agissements occultes de la « cellule antiterroriste » installée en 1982 auprès du président François Mitterrand, laquelle disposait, sans réel contrôle, de vingt lignes d'écoutes à discrétion. Des dizaines de personnes, y compris des avocats et des journalistes, ont été espionnées pendant plus de dix ans à la demande du chef de l'État. En août 2002, le juge Jean-Paul Valat a renvoyé douze personnes — dont plusieurs responsables politiques — devant le tribunal correctionnel pour atteinte à l'intimité de la vie privée et, pour certains, recel de fichiers informatiques.

digue de sable face à la marée qui monte, nous décidons, avec mon greffier et l'assistance qui nous épaule, de faire le ménage à tour de rôle. J'achète un aspirateur et nous nous transformons, le soir, en homme et femmes de ménage pour éviter les visites importunes sous couvert de nettoyage des locaux. Jusqu'au jour où je découvre que, par négligence, un double de la clé du verrou pend tranquillement sur le tableau, avec la petite étiquette de notre bureau, dans un secrétariat ouvert à tout vent !

Les rapports d'incident que j'envoie se perdent, eux aussi, dans les machines à broyer. J'ai parfois l'impression d'être un de ces personnages du film *Brazil*, bombardant ses supérieurs de courriers abscons, qui s'envolent de leur bureau au moindre coup de vent. Déconnectée du réel, une partie de la hiérarchie judiciaire française met son énergie à ne pas perdre la face. Elle est atteinte du syndrome de Tchernobyl. L'important n'est pas de répondre à l'événement mais de préserver la fiction de l'institution[1]. Les apparences doivent rester sauves, l'air suave, les fauteuils confortables et les huissiers obéissants. Avouer que

1. En septembre 1986, le gouvernement français, appuyé par une batterie d'experts du Commissariat à l'énergie atomique, a affirmé que le nuage radioactif de Tchernobyl avait épargné le sol national malgré la contamination de la Belgique, de l'Allemagne, de la Suisse et de l'Italie. Comme si les vents avaient mystérieusement respecté le tracé des frontières. Les mesures postérieures ont démenti cette assertion, mais il était alors plus important, aux yeux de l'administration, de protéger l'image de l'atome que d'informer les citoyens français.

nous sommes vulnérables et attaqués, au cœur du Palais de justice, constitue le seul crime impardonnable.

UN MANDAT D'ARRÊT PERDU
DANS LES SABLES

Notre enquête est vécue par les pouvoirs publics comme une excroissance du système, qui ne les concerne en rien. Ainsi, lorsque je découvre des éléments constitutifs d'une fraude fiscale, je transmets le dossier aux services concernés, comme j'en ai l'obligation. Dans le dossier Elf, les montants sont considérables : millions de francs en liquide non déclarés, rémunération sur des comptes en Suisse, etc. J'apprendrai plus tard que certains dossiers, pourtant les plus symboliques sur le plan de l'honneur public, ont été traités *a minima*, voire avec une indulgence manifeste. Je prends cette faveur fiscale, portant sur plusieurs millions de francs, comme un signal clair : le pouvoir protège les siens.

De même, un autre scandale jette une ombre sur la justice. Le 5 janvier 1999, *Le Monde* annonce que le mandat d'arrêt international lancé contre Alfred Sirven, l'un des principaux suspects du dossier, n'a pas été diffusé en dehors de l'Europe[1]. La

---

1. Dans son éditorial, le quotidien nous accuse d'une « *incompréhensible absence de zèle* » qui « *jette un discrédit sur les investigations menées dans l'affaire Elf, atteint leur rigueur et mine leur cohérence* » (*Le Monde*, 6 janvier 1999).

portée du mandat d'arrêt Sirven est effectivement restée, pendant presque deux ans, cantonnée au périmètre de Schengen (plus la Suisse), ce qui est une grave anomalie. Il a fallu un concours de circonstances pour que le journaliste du quotidien, avec ténacité, découvre le pot aux roses.

Nous mobilisons ciel et terre pour comprendre ce qui s'est passé. J'avais bien rédigé un mandat d'arrêt international, transmis au parquet — qui est responsable de sa diffusion — pour exécution. Mais le chaînon suivant semble avoir failli : le service de police désigné pour en assurer la transmission à travers le monde aurait manqué de zèle, me dit-on. Quand on connaît les relations du suspect avec les services secrets, il est difficile de ne pas y voir une entrave au fonctionnement de la justice.

Pourtant, c'est nous qui en portons la responsabilité publique. Le Paris qui bruisse et qui tire les ficelles, celui qui dîne avec le prince et qui se cache en ville, nous prête déjà cent calculs et autant d'alliances contre nature. Cette attaque portera ses fruits. Une partie de l'opinion intègre l'idée que nous n'aurions même pas recherché le témoin clé de notre dossier.

Un revolver

Printemps 1999. 6 heures du matin. Il tombe une bruine parisienne, grise et pénétrante. La veille, j'ai prévenu mes gardes du corps que nous partirions tôt. Je n'ai pas donné plus de précisions. Lorsqu'une perquisition se prépare dans les milieux policiers, mieux vaut rester discret. Sur un plan, avec Laurence et Serge, nous avons déjà reconnu le chemin. La grande banlieue de Paris est un dédale parfois sinistre, où s'entremêlent les bretelles d'autoroute, les barres de béton et les constructions de hasard : entrepôts, pavillons, friches ou grandes surfaces.

Nous irions à l'assaut d'une cache terroriste que nous n'agirions pas avec autant de prudence... Vus de l'étranger, les précautions infinies que nous prenons depuis plusieurs jours, notre inquiétude ce matin-là, le silence pesant qui s'installe dans la voiture, paraîtraient incongrus. Car les états de service de l'homme sur lequel nous enquêtons sont plutôt minces : il s'agit d'un modeste fonctionnaire de police à la retraite.

Mais sa réputation est à la hauteur de sa discrétion. Il nous a suffi d'écrire sur le formulaire officiel le but de notre équipée (« *le domicile de Daniel Léandri et tous autres lieux utiles découverts au cours de l'enquête* ») pour attirer un voile d'inquiétude chez les policiers qui nous accompagnent[1].

La police française est un corps particulier. Depuis la Révolution de 1789, la France a accumulé les guerres civiles. La police s'est toujours trouvée à l'épicentre de ces séismes politiques. À chaque guerre franco-française, notamment sous l'Occupation et pendant la guerre d'Algérie, elle a été soumise au noyautage et aux coups tordus ; elle a vu se déposer des strates de réseaux occultes, qui se recouvrent sans s'annuler.

Par habitude, les partis de gouvernement ont laissé se déployer des réseaux personnels, avec, à l'occasion, des ramifications en Corse, au Moyen-Orient, en Afrique et dans de nombreuses grandes entreprises publiques. Ces réseaux de fidélité et de proximité secrètes, où les affectations sont un subtil jeu de dominos digne des administrations soviétiques, et où il est bon ton de parler entre soi en corse, tissent une toile d'araignée présente à

1. Lors de sa comparution devant le tribunal correctionnel de Paris, dans le cadre du procès Elf, Daniel Léandri s'est présenté comme un simple gardien de la paix à l'origine, « *détaché du ministère de l'Intérieur pour suivre les affaires d'Afrique francophone puis chargé de mission pendant les périodes 1986-1988 et 1993-1995* », sous les ordres de Charles Pasqua. Il est l'un des plus proches collaborateurs, et le *missi dominici* attitré, du président du Rassemblement pour la France (RPF).

l'esprit de nombreux policiers, jusqu'à alimenter chez certains d'entre eux des fantasmes invérifiables.

Chacun, dans la grande maison policière, se sent surveillé par un autre et avance, tels les Norvégiens des îles marchant sur la glace fine au dégel, en espérant que le sol ne se dérobera pas sous leurs pas.

Nous arrivons devant l'adresse officielle de Daniel Léandri, un petit pavillon de banlieue sans apprêt. Sa femme nous ouvre. Notre homme est absent. D'évidence, la maison n'est habitée que depuis une heure ou deux. Il y fait très froid. Un bagage à peine défait est ouvert sur le sol. Le réfrigérateur est vide. Il y a des toiles d'araignée sur les lampes. Une fois de plus, des fuites nous ont précédées. Notre visite a été éventée. Et le modeste pavillon du policier à la retraite vient d'être réoccupé précipitamment.

Le propriétaire des lieux n'est pas là. Mais il a laissé quelque chose pour nous. Une attention personnelle. Sur la table vide du salon, en évidence, il a déposé un revolver Smith & Wesson. Le canon est braqué sur l'entrée. J'ai un mouvement de recul. La provocation s'adresse également aux inspecteurs de la brigade financière qui osent prêter main forte à des investigations dans la cité interdite de la police française : les réseaux.

Le revolver est chargé.

INCONNU À CETTE ADRESSE

Sans se démonter, notre petite équipe se met au travail. Je saisis des cartes de visite, des relevés bancaires, je vérifie le téléphone. J'emporte toujours, lors des perquisitions, une valise contenant un fax portable. Je peux ainsi envoyer une commission rogatoire à la gendarmerie la plus proche d'une maison de campagne ou d'un logement discret dont l'existence serait découverte au cours des investigations (ce qui sera le cas ce jour-là).

Trois heures plus tard, nous prenons la direction du bureau de Daniel Léandri, qui garde un pied-à-terre au sein d'une administration policière[1]. Nous demandons à parler à sa secrétaire. Justement, elle s'étonne de son absence. La veille au soir, en partant, il lui a dit « à demain », comme d'habitude. Or il n'est toujours pas arrivé, alors qu'il a deux rendez-vous.

Le téléphone sonne. Comme c'est la règle, Laurence Vichnievsky répond à la place de la secrétaire et tombe... sur l'un des journalistes qui couvrent l'affaire Elf. Il vient aux nouvelles, pensant tomber sur notre homme. Laurence le cueille à froid.

---

1. Il s'agit du SCTIP, Service de coopération technique internationale de la police, qui a pour mission, selon le règlement intérieur de la police, de « *coordonner l'organisation et le fonctionnement de la police nationale à l'étranger : actions de formation ou de conseil technique pour des pays tiers, recueil d'informations intéressant la sécurité intérieure de la France, promotion de l'industrie française dans le domaine des équipements de sécurité...* »

Pendant ce temps, je consulte l'agenda. Je découvre le nom d'un visiteur dont le nom ne m'est pas étranger : c'est le responsable du service de protection chargé, entre autres, de ma sécurité. J'aurais pu trouver mieux pour me rassurer. J'épluche également la liste des appels reçus : coïncidence troublante, plusieurs des anciens collègues de Daniel Léandri haut placés dans la hiérarchie ont justement cherché à le joindre la veille en fin de journée.

Il n'est pas question de lâcher prise, malgré l'intimidation du revolver. Un signe nous a été adressé. Dans le langage du pouvoir, c'est une menace directe. Nous devons réagir par un autre symbole, qui marque notre détermination et prévient l'escalade de la tension. C'est un dialogue à distance.

Nous bifurquons aussitôt vers le conseil général des Hauts-de-Seine, où Daniel Léandri exerce également une activité, comme l'indique une carte de visite saisie à son domicile. Le bâtiment est désert, presque fantomatique. Nous avons l'impression qu'il a été vidé de ses occupants. Ou peut-être est-ce une duperie. De planton en hôtesse d'accueil à l'air indifférent, nous nous heurtons à un mur. L'homme n'a pas de bureau.

Inconnu à cette adresse.

Je persiste. Nous sortons sa carte de visite : elle comporte un numéro de téléphone et nous le confrontons à la liste interne. Bonne pioche. C'est le numéro du secrétariat personnel du président du conseil général, Charles Pasqua. Nous nous y rendons. Sur le cahier des appels, je trouve encore de nombreux messages à l'intention de Daniel Léandri. Mais pas de trace de sa présence.

Cet homme est une ombre.

Ainsi en est-il de notre enquête : un univers où la réalité du pouvoir n'est pas dans les bureaux ni les organigrammes officiels. Un monde où les titres n'ont rien à voir avec l'activité de chacun. Ce pouvoir a sa géographie, ses codes, ses réseaux, ses méthodes. Et manifestement, il ne souhaite pas rendre de comptes à la justice.

Aucune enquête ne sera déclenchée sur ce paisible retraité, ne serait-ce que pour avoir gardé une arme réglementaire après avoir quitté la police. Les protections dont bénéficie Daniel Léandri lui permettront d'échapper aux sanctions disciplinaires, même si son bureau officiel est discrètement supprimé. Lui-même expliquera qu'il avait simplement « oublié » son revolver en partant.

À l'inverse, les ressentiments accompagneront longtemps l'enquêteur de la brigade financière, partenaire de notre équipée, pour avoir osé violer le sanctuaire des réseaux. À la sortie de son bureau, quelques mois plus tard, un planton au fort accent corse profère à son encontre des menaces directes. L'homme est un simple messager.

Mais les paroles qu'il est chargé de transmettre pèsent lourd.

Manipulations

Au début de l'année 1999, l'enquête est terminée — du moins les grandes lignes du dossier ne bougeront plus. Nous avons désormais pris la mesure de la galaxie Elf. Plusieurs milliards de francs de détournements présumés ont été découverts, de même que la plupart des circuits occultes. À Genève, notre collègue Paul Perraudin dégrossit, un à un, le magma de comptes sur lesquels nous lui avons demandé des éclaircissements : il suffit désormais d'attendre les résultats de son travail de bénédictin. Accessoirement, nous avons instruit en quatorze mois le volet d'abus de biens sociaux dans l'affaire Dumas/Deviers-Joncour. La machine est lancée et rien ne semble pouvoir l'arrêter.

Rien sauf un renversement de front.

Après trois ans d'intimidations directes, dont le revolver « oublié » sur la table est le point d'orgue, ceux qui ne veulent pas que notre instruction aille jusqu'à son terme décident brusquement de changer de terrain. Sans doute prennent-ils acte de l'échec de la stratégie de la tension physique.

Malgré leurs menaces, nous n'avons pas cédé un pouce de notre détermination à instruire. Mais il existe un autre champ dans lequel nous n'avons aucune prise : celui de l'opinion et des réseaux d'influence. Ils vont l'investir.

La pression se déplace en quelques jours.

Tout part d'une banale perquisition, le 26 janvier 1999, dans le bureau de Me Eric Turcon, un ancien inspecteur du fisc devenu conseiller fiscal, qui a eu, un temps, Alfred Sirven comme client. L'avocat proteste avec force contre notre intrusion. Dans les heures qui suivent, il se répand en inventant des répliques imaginaires, en racontant que j'ai fouillé dans le sac à main de sa secrétaire ou que j'ai saisi son ordinateur — ce qui est entièrement faux. Ce genre d'incident ne me trouble plus et glisse sur moi comme l'eau sur la pierre. Après deux jours de communiqués incendiaires, tout rentre dans l'ordre.

Le 17 mars, l'affaire Dumas rebondit. Nous devons rouvrir l'instruction, pourtant close depuis décembre 1998, à la suite de nouveaux éléments à charge contre Roland Dumas[1]. Devant le tumulte médiatique qui accompagne la révélation du paiement par sa maîtresse, avec l'argent d'Elf, de statuettes antiques acquises pour lui lors d'une vente aux enchères, Roland Dumas décide de se « *placer en retrait* » du Conseil constitutionnel.

Aussitôt, en coulisse, des forces s'agitent. Des

---

1. Christine Deviers-Joncour ayant insisté pour porter à la connaissance de la justice de nouveaux éléments en sa possession.

alliances se nouent de manière souterraine. Et, comme par enchantement, quinze jours plus tard « l'affaire Turcon » resurgit brutalement. Par un communiqué lapidaire, le 1er avril 1999, le conseil de l'ordre des avocats du barreau de Paris annonce son intention de me poursuivre, ainsi que Laurence Vichnievsky, pour atteinte au secret professionnel et aux droits de la défense.

C'est un coup de Jarnac.

Pour un magistrat, il n'y a pas d'accusation plus grave que celle de partialité ou d'atteinte aux droits de la défense. Lorsque la charge vient de l'ordre des avocats, le fait est exceptionnel. Dès lors, la récusation du juge d'instruction par le président du tribunal « pour la sérénité de la justice » devient possible, même si le magistrat n'a commis aucune faute.

L'attaque est injuste, mais le trait est ajusté avec soin. Dans sa présentation des faits, l'ordre utilise en effet à dessein la controverse entre le statut de conseiller fiscal — qui ne conférerait aucune immunité — et celui d'avocat de la défense — protégé par la loi de toute investigation liée à son client. Le ton solennel renforce l'idée que nous avons commis un acte grave.

LA TÊTE LA PREMIÈRE DANS LE PIÈGE

J'ai le sentiment d'une grande injustice. Jusqu'à l'affaire Elf, j'ai toujours entretenu d'excellentes relations avec les avocats « sous la foi du Palais », comme le veut la tradition — le mot *foi* étant entendu dans le sens de *confiance*. La bonne marche des instructions exige une certaine entente. Chacun joue son rôle, mais les règles du jeu doivent être communes. J'ai toujours respecté ma parole envers les avocats. Avant chaque décision, je remets réellement à plat le dossier pour écouter les arguments des uns et des autres. Mon pragmatisme offre un terrain d'action aux réalistes. Ils savent que je ne suis pas une jusqu'au-boutiste et que je suis ouverte aux initiatives de la défense.

Mais la dimension tentaculaire du dossier Elf implique l'intervention de plus de quatre-vingts avocats qui constituent la fine fleur du droit pénal des affaires. Ces relations multiples sont délicates à maîtriser. La médiatisation infernale de l'affaire, qui trouble tous les rapports humains, a créé un terreau favorable aux emballements passionnels.

La déontologie rejoint-elle pour l'occasion les intérêts de l'avocat de Roland Dumas, ex-bâtonnier et membre du bureau du conseil de l'ordre, qui, comme par coïncidence, vient de demander notre récusation pour partialité ?

Je me perds en conjectures. Sur le fond, je suis sûre de mon bon droit : la jurisprudence de la Cour de cassation est constante, et cette perquisition est légale. Deux représentants du bâtonnier étaient présents ce jour-là et ils n'ont rien noté d'anormal[1]. Ma certitude m'aveugle.

---

1. D'ailleurs, devenu effectivement avocat dans le dossier en 2001, au retour d'Alfred Sirven, Me Eric Turcon ne demandera pas l'annulation de cette perquisition par la chambre d'accusation.

Et je vais plonger la tête la première dans le piège qui m'est tendu.

Dès le lendemain, invitée par quelques journalistes de la presse étrangère, j'ai une conversation à bâtons rompus avec eux. Autant j'ai limité jusque-là mes interventions publiques à deux ou trois interviews sur les moyens alloués à la justice, autant j'ai régulièrement accepté des invitations privées, à dimension institutionnelle, car je pense qu'il est important d'échanger des points de vue avec le reste de la société, de ne pas rester enfermés dans notre bulle.

Ce matin-là, je veux faire comprendre à mes interlocuteurs que la délinquance financière n'est pas simplement une affaire de mafiosi, de casinos ou de boîtes de nuit. Le crime d'argent nourrit une immense économie grise dont les bénéficiaires présentent une façade parfaitement honorable. Je m'appuie sur les travaux de plusieurs experts, notamment en matière de blanchiment d'argent de la drogue[1], qui démontrent qu'une partie notable des bénéfices de ce trafic revient à quelques avocats étrangers ayant pignon sur rue, qui aident à constituer les sociétés écrans, donnent des conseils en matière d'optimisation fiscale et apportent leur savoir-faire procédural.

J'utilise un raccourci malheureux : « *Il n'y aurait pas de blanchiment d'argent sans avocats. Quinze pour cent du chiffre d'affaires de la criminalité va aux*

---

1. *Cf.*, par exemple, Jean de Maillard, *Un monde sans loi*, Stock, 1998.

avocats. » La généralisation du propos — *les* avocats — est une bêtise. Si je n'avais pas eu l'esprit
occupé par la plainte du conseil de l'ordre, je
n'aurais sans doute pas pris l'exemple des avocats
mais celui des banquiers, ce qui revient au même.
Mon inconscient parle pour moi. Je prononce
cette phrase, noyée dans une conversation de presque deux heures. Ensuite, je me rends à mon bureau sans m'en préoccuper davantage.

Lorsque la terre se décompose, à l'automne, on
dit qu'elle fleurit. Les champignons poussent alors
en quelques heures. Avant midi, ce jour-là, une
dépêche d'agence qui reprend ma déclaration
sortie de son contexte déclenche une tempête
impressionnante. En quelques minutes, Serge Rongère croule sous les fax et les demandes d'interview, tandis que les communiqués d'indignation à
l'AFP se succèdent.

Quelques collègues passent la tête par la porte
de mon bureau, affolés. Dans ces cas-là, la logique
du système médiatique est infernale. L'affaire Elf
est devenue un feuilleton. S'il ne se passe rien,
l'attention se lasse. Alors elle s'invente de nouveaux rebondissements, selon le vieux principe de
Pierre Lazareff : « *Une information plus un démenti,
cela fait deux informations...* »

L'avalanche est-elle partie toute seule ? Certaines officines se sont-elles régalées de ma faute de
carres en agissant en coulisse ? Toujours est-il que
la Résistance, l'Honneur, les Principes, toutes les
majuscules du dictionnaire des droits de l'homme

sont invoquées contre moi[1]. J'aurais frappé un prévenu que je n'aurais pas eu droit à tant d'opprobre. Le garde des Sceaux dénonce des « *déclarations offensantes et regrettables* ». L'avocat de Roland Dumas tonne contre « *une République bananière* ». Le président de la conférence des bâtonniers évoque, sans rire, « *le risque de glisser subrepticement vers des voies totalitaires* »...

Les assaillants et les coteries les plus invraisemblables se bousculent à l'assaut de notre porte. Le 6 avril, les avocats d'Eric Turcon déposent une citation directe contre Laurence Vichnievsky et moi-même pour « *violation de domicile* », « *atteinte au secret de la correspondance* » et « *entrave à l'exécution de la loi* ». Le 7 avril, le conseil de l'ordre demande au garde des Sceaux de saisir le Conseil supérieur de la magistrature (CSM) pour sanctionner mes propos, qui « *révèlent une absence d'impartialité par nature incompatible avec l'exercice de fonctions juridictionnelles* ». La demande de récusation n'est pas explicite mais à peine voilée. Le conseil de l'ordre mandate Henri Leclerc, ancien président de la Ligue des droits de l'homme, pour le représenter dans sa plainte couvrant la perquisition du bureau de Me Turcon[2].

---

1. Comme le titre *Le Nouvel Observateur* le 14 avril 1999, c'est « Feu sur Eva Joly ».
2. L'ordre met en cause la responsabilité de l'État — qui est, aux termes de l'article 781-1 du code de l'organisation judiciaire, « *tenu de réparer le dommage causé par le fonctionnement défectueux de la justice* » — à la suite « *des dysfonctionnements observés lors de la perquisition* » (*in La Gazette du Palais*, 4 avril 1999).

Laurence Vichnievsky est prise dans la tourmente, à son corps défendant.

« *Bien entendu, Eva, tu vas démentir tes propos.*

— *C'est la seule chose impossible aujourd'hui. J'ai prononcé cette phrase. Elle est sortie de son contexte mais je l'ai dite. Il y avait trente témoins. Je ne veux pas mentir et expliquer qu'on a déformé mes paroles. Il faut assumer.* »

Je prends alors la mesure de la solidarité de ma collègue dans le mauvais temps. Je me suis fait piéger par mon tempérament. Laurence pourrait se désolidariser et se draper dans les grands principes, sous les applaudissements du Palais. Avec une bonne dose de calcul et un brin de cynisme, elle pourrait récupérer seule la maîtrise de l'instruction, car les autorités seraient sans doute ravies de trancher en sa faveur un éventuel différend entre nous. Elle choisit de faire front. Alors que cet effort lui coûte, elle accepte même de m'aider à rédiger, en termes diplomatiques, une lettre d'explication au conseil de l'ordre qui, appuyée par les démarches de conciliation de plusieurs hauts magistrats, calmera la tension[1].

---

1. Les syndicats de magistrats s'élèveront contre la démarche de l'ordre, qui, selon eux, « *vise à interdire la poursuite des investigations qui impliquent les plus hautes personnalités de l'État, notamment le président du Conseil constitutionnel* ». La plainte sera finalement retirée et le garde des Sceaux ne saisira pas le CSM. Me Turcon ira quant à lui jusqu'en cassation, mais ses procédures n'aboutiront pas. Elles s'éteindront définitivement le 14 février 2001.

Le week-end suivant, nous avions décidé de longue date de nous accorder trois jours de repos dans un chalet de montagne prêté par une amie. Laurence est atteinte d'une bronchite avec 39 de fièvre, son mari est retenu à Paris mais elle refuse d'annuler. Elle fait 900 kilomètres en voiture avec moi. Elle ne veut pas que la rumeur d'une dissension se répande au Palais de justice.

Malgré mon erreur, elle fait bloc.

« NE VOUS APPROCHEZ PAS DES FENÊTRES »

Cette salve d'une violence verbale démesurée montre que, médiatiquement, l'affaire Elf a atteint un point de non-retour. La couverture déraisonnable de l'enquête rend la moindre de nos déclarations explosive et le plus petit de nos actes incontrôlable. Cet état de fait était le but recherché par ceux qui ont, à jet continu, informé les médias avant une perquisition, transmis des procès-verbaux au moment stratégique — bref, entraîné l'affaire dans une spirale vertigineuse. Toutes les précautions que nous avons prises pour protéger le secret de l'instruction n'ont pas empêché la déferlante. Notre information judiciaire est devenue le symbole de cette « justice spectacle » honnie, toujours dénoncée et jamais démontée.

Je comprends que la violence se déploie désormais sur le terrain médiatique, là où, tenue au silence, je ne peux ni répliquer ni contre-attaquer. L'impuissance me mine.

Car dans une enquête aussi sensible, la maîtrise de l'action est un atout capital. Le danger donne à ceux qui avancent un sixième sens. Tous ceux qui ont connu une situation d'exception le comprendront. C'est inexplicable. Dix fois, lorsque la tension était retombée, j'ai constaté que j'avais su dire ce qu'il fallait dire et fait ce qu'il fallait faire sur une intuition soudaine ou sur un simple coup de tête — comme si la situation avait de l'intelligence pour moi.

Là, c'est le contraire.

Ces attaques m'atteignent et me blessent sans doute plus que toutes les menaces de mort dont j'ai été l'objet car je ne peux rien faire d'autre que d'assister à mon procès public, muette et entravée. Les magistrats italiens ont connu, eux aussi, le ressac de *Mani Pulite*, ce glissement progressif où le juge voit son crédit entamé dans l'opinion, jour après jour, par des insinuations malsaines, purs et simples montages, quand il n'est pas ouvertement accusé de comportements criminels. Après ce supplice au goutte-à-goutte, il ne reste plus qu'à le récuser pour une partialité construite de toutes pièces[1].

---

1. Un de mes anciens collègues, Armand Riberolles, analyse la situation ainsi : « *Une école est en train de naître, une nouvelle défense dite de rupture qui consiste à jouer le juge plutôt que le dossier. Il est évident que Philippe Courroye ou Eva Joly ont fait l'expérimentation de cette nouvelle défense "de rupture" où l'on attaque le juge.* » (in *Où vont les juges ?, op. cit.*, p. 148).

Dans le secret de l'institution, les pressions psychologiques atteignent un nouveau paroxysme. Un matin, je suis convoquée par le premier président de la Cour de cassation, le magistrat le plus important de France, ce qui est un privilège rarissime pour un simple juge. Nous sommes dans son bureau monumental, un des plus prestigieux de Paris. Derrière les vitres coule la Seine, somptueuse, imperturbable. L'air est ouaté, tamisé par les livres reliés et les tapisseries des Gobelins. Je m'assieds dans un fauteuil du Mobilier national.

Et j'entends « un simple conseil d'ami ».

« *Madame, je tiens de source incontestable que vous êtes entrée dans une zone d'extrême danger. Ne vous approchez pas des fenêtres...* »

Je sursaute, interdite.

« *Soyez sur vos gardes, tout le temps et partout. C'est très sérieux.* »

Je n'en saurai pas plus. Il m'assure de son soutien. Je le remercie et regagne mon cabinet d'instruction, interdite et démunie[1]. Ces propos, venant d'un homme qui a toujours défendu les magistrats exposés et injustement attaqués, me bouleversent.

J'hésite entre la peur et l'incompréhension. Cette audience me laisse un goût étrange. La bienveillance de mon interlocuteur est évidente. Il

---

1. Dans la foulée de notre conversation, le 12 mars 1999, le premier président de la Cour de cassation déclenche une mesure de protection rapprochée à l'égard de Laurence Vichnievsky, qui, jusqu'alors, avait été épargnée par les menaces.

n'était pas obligé de me faire ces confidences, qui sont une marque de confiance. Peut-être même prend-il un risque vis-à-vis de ses « informateurs ».

Pourtant je ne peux m'empêcher de penser que nous sommes décidément dans un étrange pays. Le plus haut magistrat de France apprend qu'un juge est en « extrême danger ». Quand ? Par qui ? Comment ? A-t-il signalé son inquiétude au garde des Sceaux ou au ministre de l'Intérieur ? Nous n'en saurons rien. Au contraire, avec les meilleures intentions du monde, il convoque la cible et reprend à son compte un « conseil » que l'on a entendu tant de fois à Palerme ou à Bogota, à l'ombre de la mafia : « *Ne vous approchez pas des fenêtres...* » La part occulte de la République a décidément gagné beaucoup de terrain pour que la seule latitude laissée aux plus hautes autorités judiciaires soit d'avertir, sur le ton de la confidence, les magistrats du danger qu'ils courent.

Quinze jours plus tard, lorsque la tempête médiatique de l'affaire Turcon se déclenchera, que l'avocat de Roland Dumas dénoncera « *une République bananière* », aucune autorité ne prendra la peine de nous soutenir, même en privé, ni de souligner qu'une véritable République bananière, c'est peut-être quand un juge d'instruction évite de travailler dos à la fenêtre de peur de se faire descendre.

Cette conversation illustre les deux dimensions dans lesquelles nous devons évoluer. En apparence, les institutions françaises sont solides et souvent montrées en exemple à l'étranger. Nous vivons dans un État de droit. Mais *en même temps*, je dois accomplir mon devoir de magistrat dans une ambiance oppressante, entre deux gardes du corps...

L'ambivalence de la situation vaut également pour Elf, qui s'était imposée au fil des années comme une firme de haut niveau au point de devenir la première entreprise nationale. La façade était prestigieuse et performante. Mais *en même temps*, nous découvrons des détournements supposés dont l'unité de compte atteint parfois la centaine de millions de francs, pour un montant total proche d'une année de bénéfices... Toutes les affaires industrielles ont-elles un double fond dans le *no man's land* de la globalisation financière ? Ces questions ne cesseront d'aiguiser mon esprit avec les années, sans que je puisse y apporter une réponse définitive.

Confrontées au règne de l'impunité, à l'inversion des proportions habituellement acceptées entre la corruption et le respect de la loi, nous devons en permanence repenser notre vision du monde. C'est une révolution perpétuelle. La vérité d'hier ne coïncide plus avec ce que nous découvrons. Et nous savons déjà que celle de demain dépassera notre compréhension d'aujourd'hui. L'instruction que nous menons est, au sens propre, une instruction de nous-mêmes : nous découvrons un autre ordre des choses, et l'envers du décor.

« DE LA BOUCHE DU MINISTRE »

À l'extérieur du Palais de justice, la représentation médiatique, elle, échappe de plus en plus à toute vraisemblance. Les faits se diluent dans l'anecdote. Après un an « d'affaire Dumas », entre « putain de la République » et cadeaux amoureux, le dossier Elf devient un vaudeville sans importance aux yeux de l'opinion. Le décalage entre la réalité des enjeux de l'instruction et la représentation médiatique de ses acteurs s'accroît.

Les conséquences de cette inversion complète des valeurs ne tardent pas à se faire sentir. La rumeur la plus tenace — et la plus injuste — vise à nous rendre responsables des violations du secret de l'instruction qui, justement, nous placent dans l'embarras. Au début, j'accueille ces rumeurs avec un haussement d'épaules. Mais je m'effraie lorsque je me rends compte que les accusations sont proférées par les plus hautes autorités morales et politiques.

Lors d'une audience que nous accorde Pierre Truche, magistrat prestigieux, avocat général au procès de Klaus Barbie, je remarque que celui-ci me tourne ostensiblement le dos et ne s'adresse qu'à Laurence.

Je m'en étonne. Ce grand esprit me répond, glacial, sans une formule de politesse :

« *Je tiens de la bouche du ministre que vous êtes la source des fuites dans votre dossier.* »

Je reçois un coup au plexus. Je suis ulcérée. Et je réponds sur le même ton :

« *J'ai l'avantage sur vous de savoir que c'est faux. Je suis triste d'apprendre que le ministre est manipulé.* »

Notre échange au couteau montre la diabolisation de mon image publique. Un de mes amis magistrats me raconte avec indignation avoir entendu le procureur d'un grand tribunal de la banlieue parisienne assurer, devant témoins, que j'aurais l'habitude de faxer au *Monde*, après chaque interrogatoire, le PV du jour ! Une simple démonstration par l'absurde suffirait pourtant à détruire cette accusation. Je passe sur le risque de chantage qui découlerait de l'envoi d'un seul document judiciaire avec l'en-tête du fax de mon cabinet... Mais j'ai pu constater que les lignes téléphoniques étaient manifestement sous contrôle. Je suis accompagnée en permanence par deux policiers qui doivent chaque jour faire un rapport à leurs supérieurs sur mes déplacements. La police étant ce qu'elle est, j'imagine que mon agenda remonte ensuite vers le ministère de l'Intérieur. Peut-on croire une seconde que, six ans durant, j'aurais pu être assez stupide pour violer le secret de l'instruction au vu et au su des autorités françaises, alors que chacun guettait le moindre de mes faux pas et que j'étais à portée de vue (et d'écoute) de toutes les officines qui veulent ma perte ?

Pourtant, il suffit de prendre dix personnes au hasard dans la rue pour se rendre compte que la médiatisation des affaires est d'abord attribuée aux magistrats, qui sont les seuls muets du sérail. Les mêmes affabulations, recopiées, reprises en boucle ont fini par prendre corps. « *Trois cent soixante-dix mensonges font une vérité* », a écrit Aldous Huxley dans *Le Meilleur des mondes*. Je suis sans illusion. On n'arrête pas la mer avec ses bras. Mais je tiens à dire dans ce livre toute la vérité, même si elle doit disparaître aussitôt.

Tout le monde le sait mais peu de gens le disent. Rares sont ceux qui l'écrivent, surtout chez les magistrats. Mais chacun s'accorde, en privé, sur le fait que la violation du secret de l'instruction est parfois une pratique policière ou politique — une fuite opportune au plus haut niveau de la hiérarchie —, mais presque toujours le fruit de l'association entre un journaliste et un avocat du dossier. J'écris ces lignes en crispant les doigts sur l'ordinateur de peur de recevoir les foudres du conseil de l'ordre pour injure et atteinte aux droits immémoriaux de la défense, ou de provoquer une plainte immédiate de la Ligue des droits de l'homme devant la Cour européenne de justice pour avoir favorisé le retour aux pires heures de la barbarie et du totalitarisme. Je constate simplement l'évidence, qui n'est contestée par aucun journaliste dit d'investigation.

Dans chaque instruction sensible, des rapprochements s'opèrent : en échange de l'accès à certaines pièces, les journalistes ouvrent leur micro au moment opportun à l'avocat complice, ou relaient les arguments qui servent son client. Cette médiatisation est tout bénéfice pour le conseil : elle favorise sa stratégie, entretient sa renommée et, indirectement, le train de vie de son cabinet. La presse, pour sa part, récupère des informations de première main qu'elle publie avec le sceau d'authenticité que procure une enquête officielle. La pratique est si répandue que, de dossier en dossier, des amitiés naissent, des habitudes se répètent, presque par automatisme.

J'imagine également que cette connivence peut se doubler, dans certains cas limites, d'une compromission et d'un échange sonnant et trébuchant. Après la clôture de l'instruction, j'ai rencontré un grand intellectuel français, essayiste de renom, qui m'a avoué avoir été approché plusieurs années auparavant pour « *dire du bien d'Elf* » contre rémunération. Pour un irrédentiste qui a refusé, combien ont accepté ? Des centaines de millions de francs en liquide ont circulé dans cette affaire, livrés par valises directement depuis la Suisse par des passeurs attitrés. La presse ne peut pas être le seul pouvoir à avoir échappé à la corruption, même si l'idée reste taboue[1].

1. Un grand journaliste espagnol, Juan Tomas de Salas, ancien éditeur de *Diario 16*, témoigne des mêmes dérives en Espagne : « *Les idéaux se sont évanouis. Il n'y a pas de journalisme d'investigation mais des pouvoirs occultes qui filtrent souvent l'information à leur guise. Ces pouvoirs nous ont utilisés dans leurs combats personnels.* » (*El País*, 22 juillet 1994.)

Chaque partie dévoilant les pièces les plus favorables à sa défense, certaines zones d'ombre restent soigneusement à l'abri de la curiosité publique, car elles n'arrangent personne. De manière paradoxale, le secret de l'instruction dans l'affaire Elf a sans doute recouvert de nombreux éléments du dossier qu'il aurait été intéressant pour l'opinion de connaître. Maîtrisant l'ensemble des pièces, je me suis amusée un jour à faire ce petit décompte sur une feuille blanche. Le résultat est édifiant. Les deux tiers du dossier ont échappé à la médiatisation, laquelle s'est concentrée sur des éléments parfois anecdotiques.

INSTRUCTIONS SPECTACLES

Sur un autre registre, l'émotion permet de tout faire passer et les principaux mis en examen ne s'y trompent pas. Une détention provisoire ou une mise en examen est une tache sociale. Il convient de la réparer symboliquement par une mise en scène qui transforme l'accusé en victime. Plus le statut social est élevé, plus la réparation doit être éclatante. Chaque semaine nous offre son nouveau témoignage choc, exclusif, avec manchettes et fac-similés à peine lisibles, alors que l'on sert toujours le même brouet indigeste. Au risque d'aggraver mon cas, je constate que les avocats les plus éloquents à dénoncer cette dérive ont souvent été les premiers à l'entretenir.

Au fil de témoignages larmoyants, on mélange tout : la condition pénitentiaire, qui est un vrai sujet ; la chute d'un homme, toujours douloureuse ; et l'enquête, pourtant nécessaire. C'est le symptôme d'un renversement des valeurs où rien n'a plus d'importance. Se focaliser sur la souffrance d'un homme déchu, c'est évacuer le débat.

Je ne blâme pas la presse *a priori*. Ce serait une posture trop facile. Son intérêt est légitime. Le secret de l'instruction a d'abord été conçu pour protéger l'enquête et non les personnes mises en cause. Il existe des pays où les charges qui pèsent sur une personne mise en examen sont exposées clairement, au cours de certaines « fenêtres » de la procédure, sans que cela constitue une atteinte aux droits de l'homme. Sur certains sujets d'intérêt général — et le détournement présumé de plusieurs milliards de francs au sein d'une entreprise publique en est un —, la liberté de l'information et la démocratie peuvent exiger une transparence des enquêtes. Alors que la plupart des hommes politiques et des intellectuels ont crié haro sur les juges, il s'est trouvé des journalistes courageux pour défendre l'application de la loi aux puissants. Ils étaient bien seuls.

Mais en l'absence de règles claires, le pire et le meilleur se confondent : les accusations gratuites, les fausses informations, les emballements artificiels, les reportages people se mêlent à la chronique de l'affaire. Depuis mon clocher, je renonce à comprendre la logique de la presse. Lors d'une perquisition, nous trouvons, par exemple, la trace du versement par certains établissements douteux de sommes importantes — en espèces — à des journalistes en vue, comme tel rédacteur en chef ou tel prétendu expert en terrorisme... Les pièces sont versées au dossier. J'imagine déjà *Le Canard enchaîné* faire des gorges chaudes de cette corruption des esprits. Mais rien ne filtre. Et le silence dure jusqu'à aujourd'hui.

En revanche, la presse peut faire sa une d'une information apparemment mineure. Un jour, j'entends le cadre dirigeant d'une filiale étrangère d'Elf. Au cours de cet interrogatoire, il lâche, presque en passant, quelques mots accusatoires sur une société appartenant à l'ancien Premier ministre Edith Cresson. L'audition se termine tard le soir. Aucune copie du procès-verbal n'est faite. Serge Rongère met l'original au coffre, dont il est le seul à posséder la combinaison.

Le lendemain en début d'après-midi, *Le Monde* publie en une, et sur une pleine page intérieure, de larges extraits du PV. Je pensais ce document en sécurité derrière une épaisse couche de métal, et voilà que j'en retrouve l'essentiel dans le journal ! Soit des micros cachés ont permis à des oreilles étrangères de suivre l'interrogatoire et d'organiser une fuite opportune, soit le réseau informatique du Palais est perméable et le disque dur de l'ordinateur du greffier a été consulté, soit un des protagonistes de cette audition a laissé son portable ouvert ou a enregistré l'interrogatoire. En tout cas, le mal est fait. Le quotidien boucle vers 11 heures. Or l'article est enrichi de nombreux éléments supplémentaires dont je n'ai pas encore connaissance.

Dans ce cas, c'est moi que l'on cherche à manipuler. La déclaration spontanée dans mon bureau, la veille au soir, est une stratégie délibérée. Appuyée sur une opération de presse — un dossier étayé fourni à un journaliste qui n'en demande pas tant —, elle vise à orienter l'enquête dans une direction sulfureuse, sans doute pour allumer un contre-feu.

Dans un dossier aussi complexe que celui-là, avec autant d'enjeux, l'inanité du secret de l'instruction est une évidence. La justice à l'heure des médias est démunie. Elle professe un dogme que plus personne ne respecte sauf les magistrats. Et pourtant, ce sont eux les boucs émissaires des « instructions spectacles »... L'injustice est frappante. Il est impossible d'ouvrir une brochure spécialisée sans tomber sur le petit paragraphe rituel concernant « *les révélations inopportunes et scandaleuses orchestrées par certains magistrats* » qui, « *peu habitués à être sous le feu des projecteurs, ont cédé à la vedettisation* »[1].

C'est ahurissant mais c'est ainsi.

---

1. *Décideurs juridiques et financiers*, n° 41, p. 61.

Une position intenable

L'été 1999, je pars en vacances dans un état de fatigue encore inconnu. Car les tempêtes médiatiques se superposent au quotidien harassant qui est le nôtre. Nous ne passons pas des heures à commenter les déclarations des uns et des autres. C'est juste un stress supplémentaire, le temps d'une pause-café. Lorsqu'il faut préparer ma défense contre Me Turcon, je réponds aux vingt-huit points de sa plainte en utilisant la nuit d'un week-end, tant le temps m'est compté. Face à la montée des périls de toutes sortes, nous devons mettre les bouchées doubles. Il n'y a pas d'autre solution pour mener à bien les investigations nécessaires.

La dimension prise par l'affaire est une responsabilité supplémentaire. Chaque affirmation nécessite dix vérifications. Les méandres des comptes, de Vaduz à Genève, les sociétés *offshore*, les virements londoniens... il faut tout comprendre et remonter. Nous ne cessons jamais notre travail avant 20 heures. Les interrogatoires se prolongent parfois jusqu'à minuit. Je passe des soirées, seule chez moi, à éplucher les documents, à recouper, à souligner les contradictions. Les nuits d'insomnie, j'étale mes dossiers sur les couvertures. Souvent, je prépare les auditions en mettant le réveil à 4 heures du matin. En quelques mois, je prends cinq kilos comme pour compenser la tension qui s'accumule.

La clé de nombreuses énigmes se trouve à l'étranger. Nous attendons avec impatience le résultat des recherches de nos homologues en Suisse et au Liechtenstein. Cependant, le système juridique des paradis bancaires regorge de procédures de recours, voire de recours contre les recours, qui ont pour seul effet de retarder la transmission des documents. Nous savons d'avance que les pièces étrangères ne seront pas versées au dossier avant l'hiver 2001, au mieux. Les recours genevois donnent dix-huit mois de répit à ceux qui veulent empêcher l'instruction d'aller jusqu'à son terme. Les titulaires des comptes litigieux connaissent l'échéance aussi bien que nous.

Ces mois d'attente nous paraissent déjà interminables.

Le dossier est devenu une pieuvre qui occupe des rayons entiers de la bibliothèque. Les chausse-trappes et les manipulations peuvent nous faire trébucher à tout instant. Dans une procédure comme Elf, mobilisant des cabinets d'avocats aguerris, chaque acte judiciaire est passé au crible, voire à la moulinette, de professionnels rémunérés pour traquer les vices de procédure et utiliser toutes les voies de recours. C'est la règle du jeu. Des pans entiers de l'instruction sont contestés, parfois plusieurs fois, devant la chambre d'accusation — et jusqu'en Cour de cassation. Au final, l'instruction aura été validée plus de dix fois, ce qui constitue une sorte de record.

L'automne 1999 est lourd, pesant, sans un moment de répit. Au Palais de justice, les regards se font de plus en plus hostiles. Les campagnes de presse ont laissé des traces ineffaçables. Laurence Vichnievsky me confie à plusieurs reprises son souhait de changer de fonction. Deux ans de pression, avec leur lot de coups de fil anonymes et de menaces, les semaines sans pouvoir passer la tête au-dehors, les gardes du corps... Le prix à payer est lourd. Dans son livre, elle raconte : « *L'énergie commence à me faire défaut. Et je sens venir une période d'anéantissement physique et nerveux, d'usure*[1]. »

Pour ma part, je me sens à un carrefour. Ces quatre ans et demi sous haute tension ont fait naître un double de moi-même, fabriqué de toutes pièces, qui m'a échappé. Le fait de risquer sa vie provoque chez les autres des réactions incontrôlables qui dépendent de la relation que chacun d'entre nous entretient avec le danger. Enfouie dans notre conscience, cette fascination vient de loin. La gamme des émotions va du rejet à l'envie,

1. Laurence Vichnievsky (avec Jacques Follorou), *Sans instructions*, Stock, 2002.

de l'admiration au mépris, sans que la raison puisse contrôler ces passions.

Malgré moi, je suis entrée dans le cercle des figures de projection.

Pour les milieux dirigeants, je suis le paratonnerre de leur peur. L'image du pouvoir et des affaires renvoyée par l'affaire Elf est une réalité qu'ils refusent d'affronter. Des amis me rapportent des propos délirants. Des hommes et des femmes doués de raison, dotés d'un QI au-dessus de la moyenne, se comportent comme des colporteurs de foire. Ils dressent le portrait d'une ancienne trotskiste prête à toutes les alliances (cette allégation à propos de ma présumée appartenance à une organisation clandestine ayant le chic d'être indémontrable), un sous-marin dormant de la CIA chargé d'une mission de destruction contre un fleuron français du pétrole (encore un mensonge d'autant plus crédible qu'il est invérifiable), une manipulatrice dévorée par la revanche sociale, sans foi ni loi, une mégalomane enivrée par la renommée, utilisant des méthodes totalitaires...

Le pire étant la crédulité de ces dîners en ville où le bon mot assuré suffit à entamer des vérités qui paraissaient indestructibles. Ainsi en sera-t-il de la rumeur stupide selon laquelle j'aurais milité à l'extrême gauche dans ma jeunesse, qui ne s'est jamais éteinte et que je verrai périodiquement resurgir, comme un petit monstre du Loch Ness personnel.

Aucun être humain ne peut rester insensible au portrait que l'on trace de lui — surtout lorsqu'il est aussi caricatural. Le matin, je me regarde dans la glace sans rougir. Je n'ai pas volé un timbre de ma vie. Je vis dans 60 mètres carrés avec trente mille francs par mois. Toute ma vie témoigne du fait que j'ai des mobiles avouables.

Je sais aussi qu'une large partie de la population soutient notre instruction. La figure positive de la juge, de la femme et de la mère qui s'attaque aux hommes de pouvoir est un aimant puissant, même s'il est aussi fantasmatique que celui de « la femme du Nord venue détruire l'industrie française ». La France est un pays de castes invisibles. Mes origines norvégiennes me rendent inclassable sur l'échiquier social. Mon étrangeté est portée à mon crédit. Sans connaître notre action, les citoyens nous font porter le poids de leur frustration devant toutes les injustices, ce qui est démesuré.

J'ai l'impression que ces deux courants qui convergent vers moi se renforcent l'un l'autre dangereusement. Bientôt, je ne m'appartiendrai plus et la situation deviendra réellement incontrôlable — au risque d'entraver l'instruction.

FAIRE BOUGER LES LIGNES

Pour les vacances de Noël 1999, je décide de passer une semaine entre parenthèses en Tunisie. Dans l'avion du départ, avec ma vieille amie Tone, nous bavardons de choses futiles et gaies, comme deux collégiennes qui se retrouvent. L'appareil s'apprête à décoller, mais s'immobilise soudain en bout de piste.

Des voitures, sirènes hurlantes, gyrophares allumés et clignotants affolés, se dirigent vers nous. La porte s'ouvre, des gendarmes en tenue de combat s'engouffrent dans la travée centrale. Ils me soulèvent littéralement et m'entraînent avec eux en me portant à moitié. Je suis extraite de l'appareil en courant, tête baissée, alors que les autres passagers sont interdits et effrayés. Une alerte à la bombe a provoqué l'intervention des services de sécurité. J'entends des bribes d'explication dans la confusion : « *attentat* », « *bombe* », « *cible* ». Je répète en moi-même : « *On a voulu me tuer, on a voulu me tuer...* » C'est, heureusement, une fausse alerte. Pourtant, quelques minutes plus tard, dans un bureau des douanes de Roissy, j'ai une réaction nerveuse au choc et je tremble sans pouvoir m'arrêter.

Je comprends que nous ne tiendrons pas beaucoup plus longtemps sans bouger les lignes. Notre position n'est plus supportable. En accord avec Laurence Vichnievsky, je me mets en quête d'un autre magistrat capable d'épauler nos efforts, voire de nous relayer éventuellement l'une ou l'autre si nous décidions de passer la main ou si les manipulateurs obtenaient notre dessaisissement.

Pendant plusieurs mois, je mets toute ma force de conviction pour que Renaud Van Ruymbeke nous rejoigne. Son nom réunit plusieurs atouts. Il a instruit quelques affaires de financement de partis politiques avec indépendance ; cette expérience et cette impartialité sont indispensables dans ce dossier aux multiples doubles fonds. Il est, de plus, l'un des premiers signataires de l'appel de Genève[1], avec le procureur Bernard Bertossa, alors qu'une partie décisive se joue en Suisse et que nous devons collaborer en bonne entente avec nos collègues étrangers. Accessoirement, c'est un homme, ce qui peut réduire à néant les relents machistes qui s'attachent à notre enquête.

Renaud hésite à quitter la Bretagne. Grand, le cheveu en bataille, toujours un peu raide mais parfois volubile et presque enfantin, je découvre sa personnalité attachante. Il se décide enfin. Nous scellons notre alliance. Le garde des Sceaux ne l'entend pas de cette oreille. Pendant plusieurs mois, le tableau d'avancement de la galerie financière est gelé par ses services pour qu'une parade soit trouvée à sa candidature. Mais Renaud Van Ruymbeke est le candidat le plus ancien au grade le plus élevé : la volonté politique ne peut rien contre cela. Il nous rejoint en avril 2000. Aussitôt,

1. Lancé par sept magistrats européens le 1er octobre 1996 à l'université de Genève, cet appel à la libre circulation des informations judiciaires a été signé par plus de quatre mille de leurs pairs.

je décide de lui déléguer des pans entiers du dossier.

Au retour des vacances de Noël, je prends une autre grande décision, qui est de parler à découvert. Je veux détruire ce double de papier qui permet toutes les manipulations médiatiques et les psychodrames — comme celui que j'ai connu avec l'ordre des avocats. J'ai toujours pensé que la parole libre, si elle est juste et authentique, peut dénouer une crise.

Je reçois plusieurs propositions d'éditeurs, parfois démesurées sur le plan financier (jusqu'à 150 000 euros d'à-valoir). Je choisis une jeune structure indépendante, qui n'a pas un an d'existence, et j'opte pour une avance dérisoire. Je cherche à être entendue et non à garnir mon compte en banque. Le directeur des éditions des Arènes, Laurent Beccaria, a été l'un des organisateurs de l'appel de Genève, avec le journaliste Denis Robert, et l'éditeur d'*Un monde sans loi*, de Jean de Maillard, le livre de référence sur la criminalité financière. Un fluide de confiance passe entre nous. Il sait que nous sommes sur le fil du rasoir et que je peux engloutir toute l'instruction Elf sur un seul mot de trop.

Alors, le soir, le week-end, à la diable, j'écris avec lui à quatre mains un premier livre, mi-auto-biographie mi-essai[1]. Étant en fonction, je sais

1. *Notre affaire à tous*, Les Arènes, 2000.

que le défi est périlleux. J'hésite à publier ce texte. Par contrat, je peux arrêter la publication jusqu'au dernier moment, d'autant que le livre a pris un tour plus personnel que je ne l'avais imaginé au départ. Un magistrat critiqué — à tort, selon moi — pour la médiatisation excessive de son dossier peut-il décemment publier un livre qui renforcera sa notoriété et les soupçons sur sa volonté de publicité ? Mais la situation est exceptionnelle : puisque je suis devenue une figure publique, que la société française s'est emparée de mon personnage, autant que ma voix soit réelle et non factice.

C'est un coup de poker, en marge du dossier. Si les événements tournent mal, je peux tout perdre et discréditer notre travail. Mais au moins tomberai-je en ayant cherché à me faire comprendre. À l'inverse, si je réussis à opposer ma vérité au fantasme, nous retrouverons un peu d'oxygène. Lorsque je signe le bon à tirer du livre, je fais le vide. Je pèse ma décision. Et j'accepte de ce fait l'éventualité d'être dessaisie de l'affaire car j'ai la conviction que je ne peux pas faire autrement.

Par bonheur, je suis entendue.

Les médias accueillent ce récit avec un mélange d'étonnement et de bienveillance[1]. Comme me le

---

1. Dans *La Face cachée du « Monde »* (Mille et une nuits, 2003), Pierre Péan et Philippe Cohen attribuent la décision du *Monde* de publier les bonnes feuilles de *Notre affaire à tous* à une forme de remerciement pour les informations que j'aurais transmises à ce quotidien dont je serais, selon eux, un *« honorable correspondant »*. Je n'ai jamais transmis la moindre information à Hervé Gattegno, le journaliste chargé de l'affaire Elf durant l'instruction. J'ai télé-

diront souvent mes interlocuteurs : « *Finalement, vous n'êtes pas si horrible que cela...* » Je reçois des milliers de lettres, écrites par des anonymes ou des magistrats de poids.

D'un coup, l'étau se desserre.

Pendant quelques semaines, le dossier connaît une accalmie, comme si la parole vraie avait atténué la violence que nous affrontions et dissipé les malentendus. En septembre, l'ordre des avocats m'invite à une réception. Je m'y rends. Le bâtonnier me prend par le bras et m'accueille chaleureusement, comme si nous étions de vieux complices. Je me dis que les « *subreptices menaces totalitaires* » ont dû se dissiper durant l'été... Dans le tréfonds de la conscience, là où se joue l'estime de soi, j'en suis profondément apaisée.

UNE FAILLE

À l'automne 2000, quelques frictions commencent à apparaître dans notre équipe. Derrière les qualités d'abattage et d'énergie de Renaud Van Ruymbeke, capable d'accumuler les heures de

---

phoné une fois au directeur de la rédaction du *Monde*, après la publication par ce journal de l'article assassin sur la diffusion du mandat d'arrêt d'Alfred Sirven, pour rétablir la vérité sur les responsabilités à l'intérieur de la justice. Mon interlocuteur en a pris acte. L'accord de prépublication a en fait été négocié entre mon éditeur et Eric Fottorino, le rédacteur en chef des pages centrales du *Monde*, en dehors de ma présence. J'ai, bien évidemment, assigné Pierre Péan et Philippe Cohen en diffamation.

travail sans se détacher d'une extrême concentration, nous découvrons un magistrat à cheval sur ses prérogatives. S'il est d'accord pour mettre les bouchées doubles et finir le dossier dans les temps, il ne veut pas pour autant s'encombrer d'une concertation et de notre expérience de l'affaire. Aussi la collaboration de Renaud et Laurence est-elle difficile. Ces deux caractères affirmés se frottent comme du silex. Nous avons plusieurs explications qui n'arrangent rien. Nous répartissons donc les dossiers entre chacun, en traçant des frontières claires, ce qui ne correspond pas à la manière transparente et heureuse dont nous avions travaillé jusque-là avec Laurence, mais qui permet d'avancer de concert.

J'apprécie l'apport de Renaud, alors que Laurence commence à lever le pied et que j'accuse la fatigue. J'ai une confiance absolue en son indépendance. Son caractère ferme est une assurance tous risques contre les pressions. Mais je refuse pour autant, comme il me le propose un matin dans un café de Montparnasse, d'inverser l'ordre des nominations et de lui laisser la conduite du dossier. Fort de ses qualités et de son tropisme masculin, Renaud n'imagine pas d'autre rang que le premier. Je sais que le dossier serait entre de bonnes mains s'il lui revenait. Mais si je compare son sprint des six derniers mois au nombre de cotes qui attestent de mon travail depuis 1994, je n'y trouve pas de raison suffisante pour me laisser supplanter dans un dossier dont je détiens la mémoire.

Nous réussissons heureusement à garder ces désaccords de simple préséance à l'abri des regards. Vis-à-vis de l'extérieur, le front reste uni, comme nous le sommes sur l'essentiel. Soixante avocats de haut niveau, des dizaines de journalistes à l'affût... La confiance altérée est comme un défaut secret dans le minerai, invisible à l'œil nu mais qui rend la pierre fragile. Heureusement, elle ne se fendra jamais. Du moins publiquement.

Les recours qui se sont multipliés s'éteignent un à un. Pour les mis en examen, inexorablement, l'échéance de la clôture du dossier se rapproche. Les incidents lors des interrogatoires sont plus fréquents. L'électricité est palpable. Certains me récusent ouvertement et font assaut d'amabilité envers Renaud. Je trouve puéril ce petit jeu qui n'apporte rien à leur défense. Ce n'est pas en tablant sur ma chute qu'ils changeront les flux d'argent ni les charges qui pèsent sur eux. Quel que soit mon avenir, le dossier restera ce qu'il est.

Mais je suis devenue à leurs yeux une figure paroxystique, une poupée vaudou servant à conjurer le sort. L'écran de protection de mon livre se dissipe jour après jour. Serge Rongère observe la situation avec son détachement habituel, empreint de lucidité mélancolique :

« *On ne tiendra pas une année de plus comme ça, Madame.* »

Quinze jours

Les Vietnamiens disent qu'une simple feuille, aussi petite soit-elle, enferme l'arbre entier : comme une miniature, les nervures dessinent un tronc, des branches et des racines. Les quinze premiers jours de février 2001, d'une extrême violence, forment la miniature de l'affaire Elf telle que je l'ai vécue.

Je ne peux raconter sans déroger au secret de l'instruction les coulisses de l'enquête au long cours sur les traces d'Alfred Sirven. Chaque volet de cette histoire est à lui seul un roman. Nos efforts durent des mois, entre fausses pistes, rumeurs, dépositions contraires et indications policières. Ils nous mènent en Afrique, au Moyen-Orient et enfin aux Philippines. Pendant des centaines d'heures, souvent désespérantes d'échec, nous vérifions la moindre piste et tirons sur tous les bouts de laine à notre disposition.

Dans l'archipel philippin, la bataille est délicate. À plusieurs reprises, les policiers locaux sont menacés de mort. Deux de leurs indicateurs paieront d'ailleurs le prix fort : l'un est atteint d'une balle dans le cou, et l'autre renversé par une voiture — tous deux seront grièvement blessés. De passage à Paris, un enquêteur philippin fait état de craintes pour sa sécurité. À notre demande, une équipe permanente de policiers français est détachée sur place.

Dans cette quête aux antipodes, nous pouvons compter pour la première fois — et sans doute la seule — sur le soutien plein et entier des autorités françaises. Le premier volet du procès Elf a commencé sans Alfred Sirven, qui en est un des principaux suspects. La clôture de l'instruction principale approche. La République française ne peut pas juger le dossier financier le plus lourd jamais instruit en son sein, en l'absence d'un des trois principaux mis en examen, qui a pris la fuite tout en affirmant avoir « *de quoi faire sauter vingt fois la République* ».

Le vendredi 2 février 2001, un peu avant 9 heures, un coup de fil des policiers dépêchés en Asie nous apprend l'arrestation d'Alfred Sirven. Laurence est à l'aéroport, en partance pour Palerme. Son portable est sur messagerie. Comme chaque fin de semaine, Renaud s'apprête à rejoindre sa famille à Rennes. Après un rapide entretien, nous convenons qu'il ne sert à rien d'être deux. Je reste seule aux commandes pour gérer le grand capharnaüm juridico-diplomatique du retour de Sirven en France. D'emblée, les autorités proposent d'envoyer un avion militaire à Manille. Mais chaque heure compte. Nos représentants à l'autre bout du monde craignent un coup fourré. La justice philippine n'échappe pas à la vénalité et à la corruption qui ont contaminé le pays depuis des décennies. D'une heure à l'autre, l'arrêté d'expulsion peut être contesté par des moyens dilatoires. Lancer une interminable et incertaine procédure à Manille est un risque que nous ne pouvons pas prendre.

Le premier vol pour l'Europe est affrété par la Lufthansa. J'opte pour cette solution. La compagnie et les autorités locales acceptent de le retarder pour permettre l'embarquement du prisonnier et des policiers. À l'escale de Francfort, il est prévu un simple transbordement. Mais un juge allemand demande à interroger Alfred Sirven dans le cadre de l'enquête sur le financement occulte de la CDU. Nouvel imbroglio. Pendue au téléphone vingt heures durant, je consulte les autorités françaises et allemandes pour trouver une solution.

Deux jours plus tard, Alfred Sirven atterrit à Paris avec son escorte.

Je me souviendrai toute ma vie de ces instants où il a fallu trancher, presque chaque heure, entre des options délicates. Je retrouve soudain le bonheur d'agir en commun avec d'autres agents publics, comme au début de l'affaire Elf, lorsque nous formions une équipe soudée avec mes collègues du parquet. C'était avant que le feuilleton ne commence et que je ne sois diabolisée pour avoir approché de trop près le cœur du pouvoir — celui qui mord et qui brûle.

Cette arrestation est un succès collectif pour l'institution judiciaire. Le calendrier pose néanmoins un problème procédural. Le procès sur le premier volet de l'affaire Elf est en cours. Alfred Sirven est concerné à la fois par ces audiences et par notre instruction, ce qui complique la situation. À la demande de Claude Noquet, la première vice-présidente du tribunal, qui veille au bon déroulement du procès, une réunion entre plus de vingt personnes est organisée, avec le parquet au grand complet. Nous décidons de notifier à Alfred Sirven les charges qui pèsent sur lui le soir même de son arrivée à Paris, laissant le lendemain entièrement libre pour l'audience. Nous voulons en effet éviter le spectacle d'un tribunal au grand complet attendant Alfred Sirven pendant des heures, si celui-ci décidait de faire durer le suspense et de prolonger indéfiniment son séjour dans nos cabinets d'instruction. Nous ne voulons pas prendre le risque d'invalider le titre de détention[1].

Les jours qui suivent, j'ai l'impression de traverser ces galeries de miroirs déformants que l'on trouve dans les fêtes foraines. Est-ce l'effet de

1. Un mandat d'arrêt ne constitue un titre de détention que pendant 24 heures. Le placement en détention provisoire doit intervenir avant l'expiration de ce délai, sinon la personne arrêtée est automatiquement libérée.

l'imprévu qui renverse les rôles et les proportions ? La folle médiatisation de l'affaire Elf a-t-elle déréglé la machine judiciaire ? Comme filtré par un prisme invisible, tout ce qui se déroule cette semaine-là prend une dimension énorme et grotesque. Le préfet de police bloque la moitié de Paris pour protéger le transport d'Alfred Sirven, afin de parer à toute tentative d'évasion — renforçant sa légende et l'aspect grand-guignolesque de son arrestation. Au pôle financier, compte tenu de l'heure tardive de son arrivée, la présentation d'Alfred Sirven dans mon bureau s'éternise, puisque je dois lui lire une litanie de plusieurs dizaines de chefs de mise en examen[1]. Il est visiblement fatigué par son périple. Puis c'est au tour de Laurence Vichnievsky, et enfin de Renaud Van Ruymbeke, un peu après minuit. Le lendemain, la presse nous accuse de cruauté pour avoir accablé un homme nuitamment. Les mannes des droits de l'homme sont une nouvelle fois invoquées. *« Les trois juges de l'affaire Elf se sont disputés un vieillard... Eva Joly a fait subir un traitement inhumain à notre client »*, tonnent ses avocats.

C'est le monde à l'envers. Voilà un homme suspecté de plus d'un milliard de francs de détournement et qui a vécu en cavale pendant plusieurs années. Et d'un seul coup, son arrestation, son expulsion et sa comparution sont présentées comme

1. Eu égard à son âge, nous avons prévu une surveillance médicale, ce qui a prolongé d'autant sa présence dans nos locaux.

le retour de l'Inquisition espagnole ! Décidément, les mots n'ont plus de sens. Seules se déploient les rodomontades et la surenchère verbale.

L'ABCÈS MENACE D'ÉCLATER

Deux jours plus tard, je reçois une lettre du président du tribunal, qui a plongé sa plume dans le fiel. Il commence par m'annoncer qu'il interdit désormais les comparutions nocturnes, comme si j'avais commis un dérapage personnel. Il ignore sans doute que cette solution a été proposée par ses services et que nous l'avons acceptée par solidarité avec l'institution.

Il s'étonne ensuite que j'aie offert du champagne à l'enquêteur philippin. Cet homme avait débarqué à Roissy en sandales, en plein hiver, sans que personne ne se préoccupe de son sort. Il n'avait pas dormi dans un lit depuis le vendredi précédent. J'ai organisé un pot en son honneur avec les enquêteurs français, qui avaient accompli un travail magnifique. Cela me paraissait légitime. Je sais ce que cette instruction, depuis le premier jour, doit à l'alchimie des rencontres. Si chacun de nous avait fait son travail de fonctionnaire consciencieux et obéissant, rétif aux initiatives personnelles, l'affaire Elf serait restée une affaire Bidermann, sans doute close par un non-lieu juste après avoir été ouverte.

Mais, dans le miroir grimaçant et déformant du moment, ce verre improvisé devient une affaire d'État et une marque de partialité. La légende d'un juge d'instruction fêtant au champagne l'arrestation d'un mis en examen est née là. Elle accrédite l'idée selon laquelle l'ivresse de la notoriété m'a fait perdre le sens de la mesure.

Mon défaut, de longue date, est de vouloir remédier en permanence à ce qui ne va pas. J'aime que les choses bougent. Ce faisant, je me suis placée en première ligne. Avec la médiatisation de l'affaire Elf, j'aurais dû rentrer dans le rang, porter soudainement un habit gris souris, devenir silencieuse, transparente, acquiesçant à toutes les absurdités de l'administration judiciaire française, si créative en la matière. J'ai eu le tort de rester moi-même.

Le venin est dans la queue, disent les exégètes du jésuitisme. Le président conclut sa missive par une phrase lapidaire et menaçante : « *J'apprends avec tristesse les dissensions au sein de votre équipe.* » Il m'en demande des comptes. Je prends cette lettre pour ce qu'elle est : un rappel à l'ordre. Le dénouement de l'enquête sur les traces d'Alfred Sirven, qui représente la pièce maîtresse du puzzle que nous avons rassemblé pendant de longues années, ne sera pas notre Everest. Alors que nous pourrions être fiers du travail accompli, l'heure est au ressentiment. La chute est proche. Je suis KO debout. J'ai l'impression d'être radioactive, de contaminer tout ce que je touche.

Je constate que l'écho de nos différends périodiques avec Renaud Van Ruymbeke sur tel ou tel point de procédure s'est propagé malgré nous. Une pointe d'acier est enfoncée dans le bois de notre équipe pour tenter d'en disjoindre les pièces. Lorsque je propose à Renaud de rencontrer le président avec moi, il refuse : « *J'aurais trop de choses à dire...* » J'essaie de parler, pour apaiser la situation. Mais il se braque. L'abcès menace d'éclater sans que je sache véritablement ni pourquoi il a mûri ni ce qui va le faire éclater.

Pour le bon déroulement du procès, j'accepte d'accorder huit semaines de répit à Alfred Sirven, sans l'extraire de sa cellule, pour qu'il puisse préparer sa défense devant le tribunal correctionnel. Si Laurence se conforme sans problème à cette décision, Renaud le refuse obstinément. Nous en discutons un soir, sur le trottoir, devant le restaurant où nous venons de dîner avec notre *alter ego* genevois Paul Perraudin et les experts suisses qui l'accompagnent.

Renaud reste sur sa position.

« *Je vais convoquer Alfred Sirven. C'est absurde de laisser traîner les choses. On a déjà trop attendu. Nous sommes deux magistrats instructeurs. Nous avons les mêmes droits. Eva, tu sais que je suis libre de le faire.*

— *C'est impossible. J'ai donné ma parole. Juridiquement, tu n'es pas lié à moi, mais moralement si. C'est moi le juge en charge du dossier principal. C'est moi qui t'ai demandé de venir. Je te l'interdis.* »

C'était sans doute la phrase de trop.

Le lendemain, mon mari meurt.

La théorie du chaos veut qu'un simple battement d'ailes de papillon en Guyane déclenche un typhon au Sri Lanka. Dans nos vies également, certains événements s'enchaînent parfois d'une façon diabolique, dévastant tout sur leur passage.

Je quitte mon poste pendant trois semaines. La veille de l'enterrement, je reçois un coup de téléphone du commissaire principal de la brigade financière, Noël Robin, entouré de son équipe :

« *Madame, je veux vous prévenir que je viens de refuser d'exécuter la commission rogatoire par laquelle M. Van Ruymbeke me demandait d'extraire Alfred Sirven de sa cellule. C'est la première fois de ma carrière que je n'exécute pas l'ordre d'un juge. Mais je n'ai pas pu vous faire cela aujourd'hui.* »

Je le remercie, la tête ailleurs. J'apprends un peu plus tard que l'interrogatoire a bien eu lieu, avec l'aide des gendarmes. Et qu'il a consisté essentiellement en une litanie de griefs à mon encontre, égrenée avec délectation par Alfred Sirven.

Dernières salves

Renaud Van Ruymbeke et moi avons une explication en tête à tête. J'ai longuement réfléchi. Après six ans d'enquête en milieu hostile, j'ai appris à ne pas me tromper de priorité. L'intérêt de l'instruction doit être ma seule boussole. Les avocats d'Alfred Sirven ont essayé de créer une diversion entre nous. Renaud a sincèrement cru qu'il allait obtenir des explications détaillées sur le dossier en le convoquant. Il a tenté et perdu. Que celui qui ne s'est jamais trompé lui jette la première pierre.

Il me propose de se retirer du dossier. Je refuse. Il nous reste six mois pour boucler l'instruction. Les pièces bancaires venues de Suisse, de Jersey ou du Liechtenstein nous seront bientôt transmises par les autorités locales, après l'épuisement des voies de recours. Les intégrer au dossier sera une tâche harassante que je ne pourrai assumer seule. Laurence Vichnievsky a demandé sa mutation et Renaud connaît chaque tome de l'instruction. Il les épluche, un à un, depuis un an. Il a l'énergie que j'avais au début. Je n'y arriverai pas seule, et j'ai besoin de ce feu-là.

Notre différend n'est pas d'ordre personnel. L'obstacle vient d'ailleurs.

Lorsque Renaud a pris connaissance du dossier, les circuits de corruption étaient à plat, les principaux protagonistes circonscrits ; leur défense avait été exposée. Toutes les portes avaient été ouvertes. Pour ma part, je sors de cinq ans en première ligne, dans un climat de menaces et d'intimidations impossible à faire partager, à la fois par pudeur et parce que nous sommes happés par le travail qu'il reste à accomplir. Renaud ne perçoit pas les ondes électriques qui se propagent autour de moi, ces interférences permanentes qui découlent de cette histoire si particulière. Il se déplace sans escorte policière. Il prend le métro. Pour lui, le dossier n'est plus une matière vivante, mais un immense chantier de papier.

Nous parlons deux langages qui se superposent sans se mêler, comme l'huile et l'eau.

De toute évidence, les principaux mis en examen et leur entourage ont longtemps cru pouvoir échapper à un procès. Ils étaient sans doute persuadés que les obstacles qui jalonnaient ma route seraient insurmontables. Désormais, ils doivent sauver ce qui peut l'être et obtenir par l'extérieur une victoire qu'ils n'ont pu conquérir de l'intérieur. Il faut me déconsidérer à tout prix, et si possible m'écarter. Les principaux acteurs du dossier font donc assaut d'amabilité et de préve-

nance envers Renaud, qui n'y reste pas insensible :
il est difficile de ne pas croire tout le bien dont
les autres vous créditent.

Le but est clair : m'éliminer du jeu. Les risques
de déstabilisation sont accrus par l'échéance qui
approche : notre équipe ne peut pas se séparer
dans la dernière ligne droite de ce marathon.
Renaud en convient. Nous décidons de mener la
plupart des derniers interrogatoires ensemble.

HOLD-UP MÉDIATIQUE

À l'approche du jugement du procès Dumas en
première instance, des magistrats amis me préviennent : le Palais bruit de rumeurs sur une relaxe
générale. En tant que juge d'instruction, cette
décision ne me concerne pas. L'enquête et le
jugement sont deux phases distinctes de la procédure. C'est la règle des institutions. Mais je me
doute que la décision aura un impact sur le climat
dans lequel nous pourrons clôturer l'instruction
principale.

Une amie qui a regardé cette semaine-là *Envoyé
spécial*, sur France 2, me raconte ce qu'elle a vu :
un démontage à charge contre l'instruction, avec
comme témoin de moralité Loïk Le Floch-Prigent.
« *J'ai entendu ton requiem* », me glisse-t-elle d'un ton
découragé, avant de raccrocher. Pour ma part,
j'ai cessé de regarder la télévision et d'écouter la
radio. Je me contente de la revue de presse du tri-

bunal. Ainsi ne suis-je plus atteinte par les morsu-
res du mensonge.

Le 30 mai 2001, le jugement prend le contre-
pied de toutes les prévisions distillées jour après
jour par les « sources généralement bien informées ». Il trouble la stratégie médiatique de ceux
qui voulaient s'appuyer sur une décision favorable dans le premier volet de l'affaire Elf pour
minimiser l'instruction toujours en cours, qui
concentre pourtant 90 % des délits présumés.

La réaction des avocats est passionnelle. Le soir
même, une pétition circule demandant mon dessaisissement. Elle est signée par la plupart des
conseils des mis en examen du dossier Dumas-
Deviers-Joncour. Elle concerne, encore et toujours,
Me Turcon, mais cette fois dans le cadre de notre
enquête sur les traces d'Alfred Sirven. Pendant
des mois, nous avons exploré chaque piste qui se
présentait, de la plus anecdotique à la plus sérieuse. Dans cette quête tous azimuts, nous avons
un jour pris connaissance d'un « blanc » des Renseignements généraux, c'est-à-dire d'un document
confidentiel reprenant des informations non sour-
cées et non vérifiées (donc sujettes à caution)
concernant l'ancien conseiller fiscal d'Alfred
Sirven.

Cette rumeur ne vaut pas mieux que les centaines d'autres qui nous parviennent. Mais elle n'est
pas non plus à repousser sans vérification. C'est
notre métier de magistrat instructeur. Il n'y a plus
de sanctuaires pour la justice. La qualité d'avocat

ne confère pas d'immunité en matière criminelle.
J'ordonne des vérifications. Elles sont prises
comme une provocation, compte tenu du conflit
qui m'a opposé à Me Turcon en avril 1999, lorsque
l'ordre des avocats avait tonné.

Jusque-là, rien d'illégal.

Cependant la pétition des avocats jette le discrédit sur nos méthodes. Elle reprend, d'abord, la
vieille controverse entre *conseiller fiscal* — ce qui
était alors le statut de Me Turcon — et *avocat* d'Alfred Sirven — ce qu'il est devenu après nos vérifications. Mais elle affirme surtout que j'ai placé
l'avocat sur écoute. S'il avait existé, cet acte aurait
effectivement été illégal, puisque j'aurais dû préa-
lablement en informer le bâtonnier, ce que je n'ai
pas fait. Tout simplement parce que je n'ai jamais
demandé la mise sur écoute de Me Turcon !

Personne ne m'appelle pour vérifier ces informations. Le lendemain matin, je reçois un fax du
président du tribunal. Il me transmet copie d'un
courrier du bâtonnier du barreau de Paris et me
demande des explications, comme s'il imaginait
une seconde que ces allégations puissent être
véridiques.

Le sentiment d'injustice étant mauvais conseiller,
je décide de ne pas répondre sur-le-champ. Je
donne une conférence à Stockholm le lendemain
matin et j'ai prévu de prendre trois jours de repos
pour la Pentecôte. Je me dis que le président
attendra bien le mardi suivant. J'aurais pourtant
dû me souvenir de l'emballement qui a suivi la

plainte du conseil de l'ordre... À même cause, mêmes effets. Les connivences acquises entre certains avocats et quelques journalistes attitrés donnent à leurs protestations indignées des proportions inquiétantes.

L'affaire prend comme du feu dans l'herbe sèche.

Les cercles parisiens où se refait le monde sont très restreints ; ils façonnent la réalité à leur désir. Chacun dîne avec chacune, et colporte ce qu'il lui plaît d'entendre. Ce sont les sédiments de l'Histoire de France : l'essentiel des élites administratives, politiques, industrielles, financières, médiatiques et intellectuelles se cooptent sur trois quartiers de la capitale. Quelques milliers d'hommes et de femmes de pouvoir se fréquentent et se brassent matin et soir, formant un précipité de réseaux en tout genre et un accélérateur de rumeurs.

Je rentre de Suède alarmée. Le soufflé médiatique gonfle dangereusement. Mes « *méthodes insupportables* » sont décriées. *Le Figaro* consacre sa une à l'événement[1]. *Le Monde* ajoute un éditorial scandalisé. Le bâtonnier, un texte injurieux à mon encontre. Le directeur du *Nouvel Observateur* s'effraie : « *Certains juges médiatiques font froid dans le dos.* »

Je constate que mon supposé comportement criminel a recouvert le jugement. Les prévenus

---

1. Le quotidien évoque l'hypothèse de ma récusation : « *L'onde de choc qui se développe depuis deux jours risque d'être dévastatrice. [...] Il y a désormais une affaire Eva Joly !* » (*Le Figaro*, 1er juin 2001.)

sont condamnés mais c'est le juge qui est coupable ! Ce hold-up médiatique est un cas d'école pour les conseils en communication, et un joli tour de passe-passe. Autant, lors de la première tempête d'avril 1999, je pouvais me reprocher des déclarations péremptoires qui avaient fragilisé ma position, autant cette accusation infondée est une véritable injustice. Le procureur de la République de Paris publie un communiqué qui explique clairement et sans réserve que les écoutes téléphoniques contre Me Turcon n'ont jamais eu lieu. Aucun quotidien ne le reprendra.

La vérité n'intéresse personne[1].

PROCÈS EN SORCELLERIE

L'instruction est quasiment bouclée. Mon élimination du jeu ne modifiera pas un seul des versements suspects. Le but de cette cabale montée de toutes pièces est ailleurs. Tout se passe comme si la sanction infligée en première instance au président du Conseil constitutionnel — six mois de prison ferme[2] — ne pouvait être digérée par le système politico-judiciaire français que si elle s'ac-

1. Le bâtonnier refusera de publier un droit de réponse à son article, en violation du droit de la presse. Son intransigeance m'obligera à intenter une action judiciaire, pour laquelle j'obtiendrai gain de cause en avril 2003. Le bâtonnier fera appel de ce jugement.
2. En appel, le 29 janvier 2003, Roland Dumas sera définitivement relaxé.

compagnait, dans le même instant, de la chute du juge d'instruction par qui le scandale avait été révélé.

Le symbolique équilibre des forces est à ce prix.

Je réponds au président du tribunal. Ma lettre accroît la fureur des avocats. Je prépare une tribune dans *Le Monde*. Avant de l'envoyer, je consulte mes amis, qui me déconseillent d'intervenir publiquement.

« *C'est un procès en sorcellerie. La moindre parole de votre part renforcera la violence. Tout dépend du garde des Sceaux. Elle seule peut désamorcer le piège.* »

Le couvercle se referme sur moi. Le président de l'Union syndicale des magistrats est pessimiste sur l'issue de la crise :

« *D'après nos informations, la lettre de dessaisissement est prête. Elle n'attend plus que le paraphe du premier président de la cour d'appel.* »

J'ai l'impression d'être échec et mat sans avoir rien vu venir. C'est un cauchemar en plein jour. L'après-midi, un des avocats du dossier pousse la porte de mon cabinet. Il n'est pas très à l'aise.

« *Madame, c'est épouvantable. Je ne mesurais pas l'importance que cela allait prendre.*

— *Maître, vous saviez que ces écoutes n'avaient jamais eu lieu.*

— *Je suis désolé. Je n'avais pas le choix.*

— *Vous avez signé la pétition ?*

— *Oui.*

Je me lève, livide, submergée par l'émotion.

— *Sortez !* »

Le lendemain matin, à la radio, j'entends avec surprise la voix de l'avocat. Il revient publiquement sur sa signature et se désolidarise de ses confrères. Quelques jours plus tard, il m'écrit une lettre à contre-courant, alors que les temps sont à l'hallali. À chaque pic de tension, je reçois un courrier abondant, toujours chaleureux. Mais cette missive vient d'un homme qui n'a pas de raison de me ménager.

« *Madame le Premier Juge et chère Madame,*

J'ai longtemps hésité avant de vous écrire ces quelques mots, estimant sans doute que la raison viendrait très vite à bout de l'excès et du tumulte. Je m'aperçois aujourd'hui que le contraire risque de se produire et que l'on assiste au début d'une orchestration médiatique destinée, sous prétexte et au nom des grands principes de notre démocratie, à vous déstabiliser et à vous mettre à l'écart.

Avant d'aller plus loin, je soulignerai ici mon désaccord quant aux recherches effectuées par les services de police à l'encontre d'un de mes confrères. Mais pour moi, là n'est pas l'essentiel. Il existe des procédures normales pour contester vos décisions et vos actes, et ce dans le cadre de la loi.

Ce n'est pas la voie qui a été choisie et je le regrette.

Je voudrais, par la présente, prenant en cela mes responsabilités, vous faire part de mon indignation devant ce qui se profile. Depuis six ans, vous instruisez ce dossier exceptionnel avec force et détermination, mais, contrairement à ce que certains veulent faire croire, sans jamais vous départir, même aux moments les plus difficiles, de la réserve qui sied à votre fonction.

Du fait de notre position respective dans ce dossier, nous avons pu nous trouver, et nous nous trouverons sans doute en opposition sur tel ou tel point. C'est la loi du genre, chacun étant dans son rôle et sa fonction. Mais sur l'essentiel, à savoir le respect des droits de la défense, je témoignerai ici de votre rectitude et de votre compréhension. À aucun moment de la procédure il ne m'a été refusé de consulter le dossier, d'avoir copie des dernières pièces, même non encore cotées. À aucun moment de la procédure la porte de votre cabinet n'a été fermée, ne refusant jamais de discuter de l'affaire, de son avancement.

Mais le point sur lequel je voudrais le plus insister, c'est sur la transparence de votre action. Vous avez toujours dit ce que vous alliez faire et fait ce que vous aviez dit. Le mauvais procès qu'on engage aujourd'hui contre vous, ainsi que certaines attaques personnelles me révoltent. Ils sont injustes et insupportables.

Notre position respective de juge et d'avocat nous oblige à une distance et à une réserve, nécessaires et obligatoires. Cependant, cette distance et cette réserve ne doivent pas être synonymes d'indifférence.

À titre personnel, en ma qualité d'avocat à la cour d'appel de Paris, je vous prie de croire à l'expression de mon plus profond respect pour votre action passée, présente et à venir. »

Lorsque nous nous rencontrons à nouveau, je le remercie pour son courrier. Il existe des hommes courageux, et il en est un. Il me confie qu'après son passage sur les ondes, il a essuyé « *un nombre de coups de fil violents et de menaces* » qu'il n'aurait jamais imaginés possibles. Il ne m'en dit pas plus. Mais une fois encore, je prends conscience qu'en dehors de mon dossier et des mouvements visibles qui affleurent çà et là, des courants souterrains sont à l'œuvre avec leurs armes favorites : l'intimidation et la manipulation.

Cette première dissension dans le front des avocats est le signe que la manœuvre, si bien menée soit-elle, n'est pas assurée de la victoire. Les jours passent, puis les semaines, sans réaction de la chancellerie. J'apprendrai plus tard, au fil de quelques confidences sibyllines, que plusieurs magistrats de haut rang ont retenu le bras du garde des Sceaux.

Si mes collègues ont été contaminés pas les rumeurs, les hommes clés du dispositif judiciaire, eux, savent que cette instruction financière d'une ampleur inégalée — par le montant des détournements présumés et l'ambiance invraisemblable qui a entouré notre enquête — ne peut se terminer par un tête-à-queue.

Je comprends qu'il ne se passera rien pendant l'été.

À *bon port*

À l'automne 2001, Laurence Vichnievsky nous quitte pour prendre la présidence du tribunal de Chartres. Son départ est pour moi la véritable fin de l'instruction. Je n'ai pas le temps de m'appesantir sur mes sentiments, tant notre programme de travail est chargé. Renaud Van Ruymbeke et moi crevons le plafond de nos statistiques[1]. Nous menons jusqu'à trois interrogatoires par jour, souvent en duo. Nous nous complétons bien. Je préfère les rafales de questions, concrètes et directes. Renaud est plus synthétique et rassemble un problème en quelques phrases.

Physiquement, le fait d'être deux, comme ce fut longtemps le cas avec Laurence, nous permet plus aisément de rétablir l'équilibre. Lorsque j'instruisais l'affaire Bernard Tapie, je devais lutter contre l'ascendant mental que l'ancien ministre de la Ville, aujourd'hui comédien, imposait à

---

1. Ces relevés comptables dressent la liste des actes judiciaires exécutés par chaque cabinet d'instruction et permettent à notre hiérarchie de contrôler notre zèle au travail.

autrui. Par sa manière de bouger, d'être pleinement là, son visage mobile, l'agilité de son esprit, il prenait le pouvoir dans la pièce. L'expérience nous apprend à compenser ces phénomènes pour revenir inlassablement aux faits et à notre tâche, sans nous laisser intimider ni envoûter de manière excessive par ces personnalités hors normes.

Accompagnés de plusieurs conseils, les hommes de pouvoir qui défilent cet été-là dans notre cabinet dégagent une présence hostile. Ils nous font comprendre que leur place n'est pas ici, mais à la table des conseils d'administration. En situation extrême — et lorsqu'un homme risque dix ans de prison, il est dans un état d'éveil absolu —, les êtres humains dégagent une électricité peu commune. Il faut prendre sur soi, faire le vide pour rester dans le cadre des faits et ne pas répondre à la violence verbale qui vous est adressée.

Les tentatives de déstabilisation sont permanentes.

Un avocat me confie avoir été approché pour contracter une alliance entre deux parties en échange de plusieurs dizaines de millions de francs. Cela ne me surprend même plus. Après sept ans d'instruction, rien n'est désormais inimaginable. Je sais que l'incroyable est possible.

Les interrogatoires sont extrêmement tendus, avec des incidents de procédure perpétuels. J'assiste à des scènes étonnantes. Lors d'une confrontation entre Alfred Sirven et André Tarallo, nous suspendons l'audition pendant plusieurs minutes, le temps de chercher une pièce dans les archives.

J'entends alors ce dialogue stupéfiant, à haute voix, entre Alfred Sirven et son avocat.

Me Turcon : « *Il y a encore un salopard de journaliste projuges qui a fait un article contre nous dans* Le Point. »

Alfred Sirven : « *Mais comment se fait-il qu'il y ait encore des journalistes projuges ? Je croyais que le problème était réglé...* »

Me Turcon : « *Ne t'inquiète pas. On s'est occupé de lui. Sa carrière est terminée.* »

Greffier, mis en examen et conseils, nous nous regardons les uns les autres, sidérés. La vulgarité du propos est rare dans un cabinet d'instruction. Mais c'est davantage l'arrogance dont il témoigne qui me choque, cette manière d'agir au vu et au su de tous, comme si la presse était une affaire de réseaux et d'intimidations mutuelles.

Je ne peux même pas appeler le bâtonnier pour qu'il constate l'incident, car nous sommes en litige depuis l'éditorial où il me présente comme « *un danger pour la démocratie...* » Faire intervenir le président du tribunal, après les deux courriers hostiles que j'ai reçus de lui, me paraît hasardeux.

Je laisse passer l'incident.

UNE PAGE SE TOURNE

À cette époque, je commence à penser à mon avenir. Après la clôture du dossier Elf, il me paraît difficile de continuer à exercer les mêmes fonctions. J'ai dû ma survie professionnelle au libre arbitre du garde des Sceaux. Mes relations avec certains ténors du barreau sont devenues paroxystiques. Cette situation n'est pas saine.

Plus profondément, je sais que le dossier Elf a pu prospérer et atteindre cette dimension parce qu'il s'est produit un petit miracle dû à l'époque, aux circonstances, à un enchaînement heureux et à quelques rencontres providentielles. Mais ce fut une instruction au-dessous du volcan. L'institution ne peut pas fonctionner dans ces conditions limites.

Le dossier Elf est le point culminant d'une époque, mais il marque aussi la fin d'une parenthèse. Tous les signaux montrent que le pays n'ira pas au-delà. Comme si la démocratie française avait atteint la limite des révélations qu'elle peut supporter. Pourtant, la société Elf n'a pas concentré, de 1990 à 1993, tous les délits présumés de l'ensemble des élites dirigeantes du pays. Notre enquête est comme un sondage grandeur nature, une carotte terrestre qui révèle les sédiments enfouis en profondeur. Rapprochée d'autres affaires en cours, elle confirme l'ampleur d'une culture de la corruption où la transgression de la loi n'est même plus un enjeu.

Le philosophe René Girard a souligné à quel point nos sociétés sont mimétiques. Chaque détournement, par imitation, en entraîne un autre, qui lui-même contamine le voisin. C'est cet enchaînement qu'il faut rompre. Sans doute la réalité que laisse entrevoir l'instruction est-elle trop cruelle pour le pays. Ni la justice ni la société française ne sont prêtes à connaître leur heure de vérité.

L'instruction Elf a navigué à travers les récifs de la soumission, des réseaux ou des « contrats » passés sur notre tête, mais la probabilité d'arriver à bon port une nouvelle fois est quasi nulle. Combien de magistrats seront prêts, demain, à s'engager dans le tunnel que nous avons traversé sept années durant et à assumer le tribut que nous avons payé ? Je doute fort qu'ils boivent la ciguë qu'on leur proposera. Si la réforme du « plaider coupable » actuellement en discussion au Parlement avait été applicable en 1994, il n'y aurait peut-être pas eu d'affaire Elf, mais une simple transaction entre le procureur et les protagonistes du dossier Bidermann : une amende et quelques mois de prison avec sursis. La plupart des délits présumés que nous avons exhumés seraient restés enfouis dans les comptes et les mécomptes d'Elf.

À l'étranger, le mouvement de reflux est général. L'action du procureur de Genève, Bernard Bertossa, se referme en Suisse avec l'élection de son successeur, plus enclin à combattre les vols à la tire. Au-delà des Alpes, les magistrats italiens sont violemment mis en cause par le pouvoir politique. À Rome, l'un des chefs d'entreprise les plus inculpés d'Italie est devenu président du

Conseil[1]. En France, de nombreux hommes politiques, après avoir purgé leur peine, sont triomphalement réélus. L'un d'eux, condamné pour corruption, défend au Sénat des amendements répressifs contre l'atteinte à la présomption d'innocence...

Une page se tourne en Europe, après dix ans d'effervescence.

Plusieurs organisations humanitaires me proposent de rejoindre leur conseil d'administration. J'ai la tentation, moi aussi, de passer à autre chose. Mais je n'ai pas l'impression d'être arrivée au bout de ma course. Cette plongée dans les comptes de la société pétrolière m'a transformée, intellectuellement. J'ai vu l'impunité comme règle et la loi comme exception. J'ai mesuré les limites de la justice. Malheureusement, ce n'est pas parce que nous ne poursuivrons plus les délits financiers qu'ils ne seront plus une menace pour le contrat social — au contraire. Cette conscience-là ne me laisse pas en paix. J'ai le désir d'être utile, même si je ne sais pas encore où ni comment.

---

1. En dehors des procédures actuellement pendantes, Silvio Berlusconi a déjà été condamné pour faux témoignage à propos de la loge P2 (délit couvert par l'amnistie de 1989), condamné en première instance à trente-trois mois de prison pour pots-de-vin à la garde des finances (prescription du délit en appel), à vingt-huit mois de prison pour financement illégal de parti politique (prescription du délit en appel puis en cassation) et à seize mois de prison pour faux bilan (prescription du délit en appel) (*cf. Le Monde*, 22 mars 2002).

RENDEZ-VOUS CLANDESTINS

Il suffit d'une rencontre.

Le 15 octobre 2001, l'éditeur norvégien William Nygaard donne une réception à l'occasion de la sortie de mon livre à Oslo. Nous sommes dans la villa patricienne qui fut celle de sa famille, le long du fjord, devant un grand jardin que l'automne a recouvert de fauve. L'endroit est habité par l'Histoire, avec sa bibliothèque, son argenterie étincelante, ses fauteuils en vieux velours... Je suis dans une bulle, loin de l'univers hostile où tant de forces veulent notre perte.

Nous sommes à la veille de la constitution d'un nouveau gouvernement. Mon éditeur me présente Odd-Eimar Dørum, qui deviendra le lendemain ministre de la Justice. Celui-ci m'explique qu'il suit depuis longtemps mon parcours. Les dirigeants norvégiens sentent monter depuis quelques années le besoin d'une règle internationale plus stricte en matière de corruption. Ils ont eu vent des conférences que j'ai données à Paris, à plusieurs reprises, devant les diplomates scandinaves.

« *Vos idées m'intéressent, Madame Joly. Je pense que nous pouvons faire quelque chose ensemble. Il faudrait que l'on se revoie.* »

Je ne prête pas attention à cette porte qui s'ouvre. Trente ans de vie en France m'ont rendue philosophe sur ces propos de circonstance que les dirigeants distribuent si souvent à Paris à leurs interlocuteurs, comme on jette des perles de verre. J'apprendrai ensuite que l'idée fait son chemin depuis quelques mois dans les sphères de l'administration norvégienne et qu'Odd-Eimar Dørum s'est déjà concerté avec le futur ministre des Affaires étrangères, Jan Petersen.

Début novembre, je suis contactée par le nouveau secrétaire d'État à la Justice. Nous avons une première rencontre pour jeter les bases d'une collaboration future. Je me rends à quatre reprises en Norvège pour affiner notre projet. J'ai demandé une confidentialité totale. Je veux d'abord terminer l'instruction Elf et boucler un autre dossier en souffrance — Ibsa — pour laisser place nette en France. Nos rencontres secrètes ont lieu dans la maison de mon éditeur, comme des rendez-vous clandestins, car il ne s'agit encore que de pourparlers..

Odd-Eimar Dørum est un de ces hommes politiques dont l'Europe a perdu le goût, plus préoccupé par le sort du monde que par sa carrière. Il ne roule pas pour Odd-Eimar Dørum...

« La Norvège est présente dans l'aide au développement. Nous sommes parmi les premiers contributeurs au monde. Nous avons un véritable rôle parmi les institutions internationales. La corruption est devenue une question obsédante. Est-ce que vous pensez que nous pouvons faire quelque chose ? »

Des heures durant, nous échangeons nos idées. Je ne vais pas réinventer l'eau chaude. Plusieurs centaines d'experts ont tracé des lignes importantes. Les rapports sur la question remplissent des bibliothèques. Mais je peux contribuer à appuyer quelques mesures-clés, à des endroits stratégiques, à partir de mon expérience. Nous ébauchons les grandes lignes de ce qui deviendra ma mission et notre projet. Je vois la lumière. Pour la première fois depuis des mois, j'ai le sentiment de parler la même langue avec un homme public.

Début décembre 2001, j'avertis Renaud Van Ruymbeke de ma décision. Il est le premier à être mis dans la confidence. Dès lors, il sait qu'une fois le dossier clos, et après les réquisitions du parquet, c'est lui qui rédigera l'ordonnance de renvoi. J'ai toute confiance en lui. Lorsque je revois Laurence Vichnievsky, déjà revenue aux préoccupations prosaïques d'un tribunal de province, elle m'encourage dans mon engagement avec une pointe d'envie dans la voix :

« *Tout le monde n'a pas la chance d'avoir une double nationalité...* »

LA PAILLE ET LA POUTRE

À la mi-décembre, des valises de documents nous parviennent de Suisse. Nous déplions les grands tableaux récapitulatifs des flux établis par Paul Perraudin, qui sont un modèle de précision et de minutie. Nous travaillons d'arrache-pied, sans lever la tête. C'est l'engouement final.

Fin janvier 2002, nous bouclons l'instruction. Une histoire extraordinaire de huit ans prend fin. Je mets un point final à des dizaines de perquisitions et de commissions rogatoires, des milliers d'auditions et de procès-verbaux, des piles de rapports d'expertise... Cette montagne de papier enferme physiquement une partie de moi-même.

Les commentaires de la presse sont en demi-teinte, ce qui est sans doute normal tant il est difficile d'appréhender une affaire aussi tentaculaire, surtout lorsque des années de polémiques se sont succédé comme autant de vagues sur le sable. En matière financière, il n'existe pas d'instruction parfaite. De nombreuses pistes se perdent dans les sables mouvants des paradis fiscaux. Une part des flux suspects ne peuvent pas être reconstitués tant les protections et les connivences bancaires sont nombreuses dans les « boîtes noires » de la finance.

Nos investigations ont dû également tenir compte de l'immunité diplomatique. La loi protège les chefs d'État de toute requête. Les comptes personnels des monarques, des présidents élus à vie ou des dictateurs confortés par la manipulation des urnes sont protégés de la curiosité des juges. L'argent peut entrer et sortir de leurs caisses avec l'assurance que personne ne viendra mettre son nez dans d'éventuels trafics. De même, la véritable affectation de plusieurs centaines de millions de francs versés en liquide à Alfred Sirven reste mystérieuse, puisque celui-ci n'a pas voulu nous expliquer l'usage qu'il en avait fait. Il n'est pas sûr non plus que les principaux prévenus aient été les seuls bénéficiaires des fonds détournés. Mais ils ont choisi d'assumer la totalité des flux suspects et nous ne pouvions aller plus loin sans leur concours.

En lisant les commentaires désabusés, je trouve paradoxal de nous reprocher d'avoir cherché la paille dans l'œil de quelques-uns en négligeant la poutre dans la pupille de leurs voisins, quand la paille en question s'évaluait à plusieurs dizaines de millions de francs par tête, pour un total de plusieurs milliards, tandis que la poutre était hors d'atteinte...

Instruire, c'est suivre une voie raisonnable. Déjà, l'accouchement de ce mastodonte par l'institution n'a pas été aisé. Notre carlingue a connu plusieurs trous d'air[1]. Après la clôture de l'enquête, quatre personnes ont été mobilisées à temps complet pour rédiger les réquisitions tellement le dossier était dense, recouvert de sédiments successifs et de pièces accumulées. Les audiences

---

1. Je tiens à rappeler la contribution décisive des magistrats du parquet François Franqui, Anne-Josée Fulgéras, Jean-Pierre Champrenault et Jean-Claude Marin. Et, au siège, le soutien sans faille de la première vice-présidente en charge de l'instruction, Claude Noquet. Sans eux, l'affaire Elf n'aurait jamais abouti.

de première instance et d'appel s'étaleront sur plusieurs mois.

Cette paille-là me convient.

Quelques commentateurs regrettent que nous n'ayons pas lancé des investigations tous azimuts sur dix ans de politique secrète de la France, ni dénudé les fils de la Françafrique, ces liaisons incestueuses entre la France et ses anciennes colonies, ni même remonté de réseaux de fourniture d'armes et de diplomatie parallèle... Tout cela depuis notre bureau ? Ce n'était pas envisageable.

Mais je garde, moi aussi, le sentiment qu'on ne peut s'arrêter sur le seuil de la justice. Il faut aller au-delà et entrer de plain-pied dans l'action politique, là où l'ordre des choses peut-être modifié. La proposition du gouvernement norvégien ne pouvait pas mieux tomber.

Un soir, je rencontre un avocat avec lequel j'entretiens des rapports d'estime mutuelle. Nous prenons un verre dans un café. Il me raconte les dernières nouvelles du Palais, les *combinazione*, l'arrogance des réseaux, les accords dérisoires et les grandes tractations qui font son quotidien.

J'écarquille les yeux.

Il se met à rire de plus en plus fort.

« Mais c'est la France, Madame ! Vous avez voulu changer la France, mais c'est impossible... »

Le fou rire qui le secoue est communicatif. Il se trompe pourtant. Je n'ai jamais eu la prétention

de changer la France. Ni depuis mon bureau-
placard sans fax ni ordinateur ni, par la suite, dans
les locaux luxueux du pôle financier, cette coquille
vide, dorée en apparence mais sans moyens d'enquête supplémentaires. Je me suis battue pour
aller jusqu'au bout de mon instruction malgré
l'état de déliquescence de l'univers que j'ai découvert. Je n'ai pas voulu que le cynisme et la loi du
plus fort l'emportent. C'est tout. Malgré mes erreurs, j'ai le sentiment du devoir accompli. Et si je
n'ai pas changé la France, mon pays d'adoption,
lui, m'a changée. Il m'a beaucoup appris, parfois
à son corps défendant : je reviens en Norvège
avec les yeux d'une Française.

Début juin 2002, j'abandonne mon bureau. Je
dis au revoir à l'escorte, à Serge, le greffier, et à
mes amis du Palais de justice. Étrangement, alors
que je suis mélancolique à l'idée de quitter pour
quelques années la douceur des quais de la Seine
et des ruelles de Saint-Germain-des-Prés, je sens
un poids s'échapper de mon thorax lorsque l'avion
décolle. Peu après avoir atterri à l'aéroport d'Oslo,
je prends un vélo. Désormais sans protection policière, libre de mes faits et gestes, mon premier ré-
flexe est de pédaler vers la mer.

À ce moment, je n'arrive pas encore à être
heureuse, alors que je suis profondément boule-
versée ; comme lors de ces émotions qu'on attend
trop longtemps et qui peinent à se libérer. Je
respire l'air marin à pleins poumons, comme une

asphyxiée. J'ai le cerveau engourdi. Je me répète :
« *C'est fini, c'est fini...* » Je me rends compte que
les menaces sur mon intégrité, huit ans durant,
ont profondément inscrit leurs traces en moi.

Au fil des semaines, j'apprivoise à nouveau
certaines situations, l'une après l'autre : rentrer
seule chez moi, voyager de nuit, m'arrêter à découvert sur un chemin de neige pour ouvrir une
barrière... Mais je garde toujours les séquelles de
ce long voisinage avec le danger. Je prends certaines précautions qui paraissent incongrues hors
contexte. Parfois, par bouffées, il arrive que je
sente remonter dans mes veines le poison de la
peur, du cerveau jusqu'au cœur. Je me vois comme
une fugitive en plein jour, avec une croix rouge
sur le dos. Je dois alors me jeter dans la minute
suivante et ne pas me laisser défigurer par les souvenirs.

Un autre monde

Quitter Paris, où la circulation en tous sens de dix millions d'hommes et de femmes affairés diffuse une électricité invisible, et rejoindre Oslo la provinciale, ouverte sur la mer, est un apaisement. Avec son territoire qui couvre plusieurs latitudes, sa prospérité, son obsession de la nature, la Norvège vit à l'écart de la grande transformation du monde et de la globalisation financière. Au bord d'un fjord majestueux, sa capitale cultive la maîtrise des émotions.

Tout est à créer dans mes nouvelles fonctions, où j'inaugure un mandat de trois ans comme conseiller des ministres de la Justice et des Affaires étrangères. Je ne prends pas la tête d'une administration. Je ne succède à personne. Je dois constituer mon équipe[1]. La moindre de mes dé-

1. Je recrute notamment Anne-Marie Dyrnes, premier substitut à la brigade nationale de lutte contre la criminalité financière, responsable de la délégation norvégienne au Groupe d'action financière sur le blanchiment des capitaux (Gafi) ; Alte Roaldsøy, premier substitut responsable de la délégation norvégienne au Greco (Conseil de l'Europe) ; et Unn Torgensen, chargée de la documentation et de la coordination.

cisions est comme une empreinte sur la neige fraîche.

Sur l'échelle du temps politique, trois ans est un horizon incroyablement court. Mes amis de l'administration norvégienne me préviennent : si mes premiers choix sont erronés, la pesanteur légendaire des structures est telle que je passerai des mois à rééquilibrer une situation bancale. Nous arriverons alors au terme de ma mission sans le moindre résultat tangible.

Une certaine logique voudrait que j'installe mon équipe au ministère des Affaires étrangères, où travaillent des diplomates de grande qualité, souvent acteurs dans de nombreuses négociations délicates, comme le conflit israélo-arabe, et régulièrement en pointe dans l'élaboration des grandes conventions internationales. L'héritage vient de loin. Plusieurs décennies avant la première convention internationale d'Utrecht, qui organisa le commerce maritime, en 1740, la Norvège avait signé des accords bilatéraux pour prévenir la piraterie. Notre héros national, Nansen, est un diplomate du temps de la Première Guerre mondiale qui consacra sa vie à donner un statut aux réfugiés, s'engagea contre la famine dans la nouvelle URSS et dénonça le génocide arménien.

Le prix Nobel de la paix est décerné à Oslo. Pour le meilleur et pour le pire, les Norvégiens sont convaincus d'avoir un rôle à jouer dans le mieux-être du monde. Leur alliance presque mythique avec la nature les rend viscéralement hostiles aux désordres quels qu'ils soient : la guerre, la misère, la pollution ou la corruption. *De facto*, la qualité de sa diplomatie donne à la Norvège un poids dans les instances internationales sans commune mesure avec sa puissance réelle.

En me confiant cette mission, le gouvernement montre sa volonté de peser sur les choix internationaux, et je pourrais rejoindre les rangs des Affaires étrangères. Mais pour que notre voix porte à l'extérieur, nous devons être ancrés dans la réalité du pays. Quelle serait la force d'une parole que l'on n'appliquerait pas d'abord à soi-même ? Aussi je préfère me placer dans l'orbite du ministère de la Justice.

CHANGER DE PEAU

Le bâtiment est un de ces monuments du travaillisme triomphant des années 1950 qui évoquent la puissance sans la grâce. L'austérité du lieu est renforcée par la protection particulière de nos bureaux, qui ont été construits de manière à rendre impossibles les écoutes ou les photographies. Je suis habilitée secret défense : je dois pouvoir recevoir des visiteurs en toute sécurité. Par une de ces ruses du destin qui font le sel de l'existence, je suis désormais protégée à Oslo, où je travaille en toute transparence sur des dossiers ouverts, alors que, lorsque j'enquêtais sous la menace sur le détournement de plusieurs milliards de francs, mes bureaux parisiens n'ont jamais été sécurisés...

Je me retrouve un matin dans une pièce vide, avec trois crayons, un sous-main immaculé et un ordinateur flambant neuf. Il y a tout à faire : une équipe à recruter parmi des dizaines de candidatures de haut niveau, des propositions à élaborer, une méthode à inventer. Commencer une nouvelle vie à 58 ans est une chance unique. J'ai fait beaucoup de métiers dans ma vie : jeune fille au pair, secrétaire, conseiller juridique dans un hôpital psychiatrique, substitut du procureur de la République, rapporteur au ministère des Finances, juge d'instruction... Me voilà conseiller du gouvernement. Passer d'un monde à l'autre est un enrichissement perpétuel : c'est ajouter une tache de couleur au manteau d'Arlequin.

Je sors de sept ans en apnée pendant lesquels, chaque matin, en arrivant au bureau, je devais d'abord écarter la pile des dossiers « urgents », me garder à gauche et à droite contre des ennemis tapis dans l'ombre, l'esprit monopolisé en permanence par un dossier labyrinthe. Ce vide soudain est un atout. Je peux construire sans la pesanteur de l'existant.

Je dois effectuer une révolution copernicienne : je ne suis plus juge, happée par le détail, mais conseiller politique. Mon regard doit embrasser un horizon plus vaste. Pour avoir changé de métier à de multiples reprises et vécu dans deux cultures, j'ai forgé une méthode particulière. Je pars du postulat que je ne sais rien et que j'ai tout à apprendre de mes interlocuteurs. Pendant des semaines, je deviens une éponge.

Au printemps 2002, quelques semaines avant de quitter la France, je rencontre à Paris de manière informelle des hommes et des femmes qui occupent des postes-clés du dispositif économique, les uns à la direction d'une grande banque, les autres dans la finance, dans le conseil d'administration d'entreprises nationales ou encore à la direction des impôts. Je passe des heures avec des experts reconnus en matière de blanchiment.

À tous, de manière libre et confidentielle, je demande un état des lieux de la corruption et les solutions qu'ils préconisent. La question semble être de première importance pour chacun d'eux. Mais, à les entendre, le corrupteur est toujours un autre : celui ou celle qui exerce le métier d'à côté. Car la corruption est un secret d'initiés qui se joue à peu de joueurs. Rares sont ceux qui ont eu la chance de pénétrer dans l'épaisseur des choses, derrière les apparences, et qui en sont revenus. Nos élites sont intellectuellement démunies face à cette question.

Je glane ici ou là des intuitions, des points d'appui qui me seront utiles.

En Norvège, j'applique la même méthode. Je suis avide de tout. Il me faut apprendre les non-dits norvégiens, puisque toute société se définit d'abord par ses règles implicites. La beauté que j'ai aimée en France, la courtoisie, les joutes

verbales, l'élégance, la culture, un certain raffi-
nement, tout cela n'a plus cours. Je redécouvre le
culte de l'égalité, un esprit de sérieux poussé à
l'extrême, le goût de l'effort sur soi-même, le besoin viscéral de nature, le courage de vivre dans
un environnement hostile huit mois par an.

L'adaptation est également intérieure. Revenir
dans son pays natal après trente-cinq ans de vie à
l'étranger n'est pas une expérience banale. Je ne
suis plus tout à fait la même ni tout à fait une
autre. Pendant les premiers jours, le passé et le
présent se chevauchent en permanence devant
mes yeux, comme deux calques l'un sur l'autre légèrement décalés. Je retrouve des amis d'enfance,
des saveurs enfouies loin dans la conscience. La
langue a évolué ; je parle un norvégien qui n'est
plus tout à fait de mise. Je fais des traductions
littérales du français qui font la joie de mes interlocuteurs.

PREMIER DÉCLIC

Cet ajustement se déroule dans une ambiance
presque euphorique. Quelques semaines me sont
nécessaires pour m'habituer à cette bienveillance.
La presse a accueilli ma nomination avec chaleur.
Pour elle, je suis une *« chasseuse de corruption »*,
selon le titre donné à mon livre par mon éditeur[1].

1. En norvégien comme en anglais, la langue construit des
néologismes en collant des mots les uns aux autres.

Je croise des regards et des sourires amicaux. Les magistrats et les policiers spécialisés en matière de lutte contre la criminalité financière s'adressent spontanément à moi. Ils me demandent des conseils ou se servent de moi comme d'une « *hot line* » pour les enquêtes sensibles, comptant sur une oreille attentive et sur une expérience des circuits occultes.

Mon nom, qui a cristallisé tant d'agressivité en France, est entendu dans mon pays natal comme une promesse. Ce prestige est d'autant plus grand que les Norvégiens n'ont pas eu à se remettre en cause et vivent dans l'illusion que la délinquance financière s'est arrêtée à leurs frontières. Comme d'autres magistrats avant moi, tels Baltasar Garzón en Espagne, Antonio Di Pietro en Italie ou Bernard Bertossa en Suisse, je découvre que les juges anticorruption sont aussi encensés à l'étranger qu'ils peuvent être dénigrés et attaqués dans leur propre pays[1]. Lorsque les magistrats enquêtent sur le pouvoir, ils dérèglent l'ordre des choses. Grâce à ma double nationalité, à Oslo, j'échappe à la malédiction rituelle que j'ai connue à Paris[2].

---

1. En trois ans, de 1995 à 1998, vingt-sept procès ont été intentés en Italie contre Antonio Di Pietro, substitut au parquet de Milan, qui s'est trouvé obligé de poursuivre des journalistes et des hommes politiques en diffamation à trois cent cinquante-trois reprises (*cf. Politique internationale*, n° 85, automne 1999, p. 14).
2. Au printemps 2003, cet état de grâce est légèrement écorné lorsque je soutiens publiquement l'action des enquêteurs lors d'une affaire financière impliquant l'homme le plus puissant du capitalisme norvégien. Les journaux économiques se fendent de plusieurs articles horrifiés. La délinquance financière est plus fa-

Au bout de quelques semaines, en septembre 2002, je rencontre à New York la commission du Fonds monétaire international (FMI) chargée de la lutte contre la corruption. Ce matin-là, je ne suis pas brillante. Disons même que je me montre franchement médiocre, à cause d'une bronchite et du décalage horaire. À ma grande surprise, je recevrai plusieurs vagues d'e-mails émouvants dans lesquels mes interlocuteurs écrivent que mon intervention leur a « *redonné de l'énergie pour dix ans* » ou qu'ils « *n'oublieront jamais cette rencontre* ». Pourtant, mon auditoire, peuplé de grands cerveaux et d'experts internationaux, n'a pas été bouleversé par ma science. Je ne leur ai rien appris. Cependant en lisant ces e-mails, je comprends que leur adhésion ne va pas à ma personne, mais à l'espoir que suscite la nouvelle politique de la Norvège.

Depuis un an, je constate régulièrement un phénomène similaire, même si, heureusement, il m'arrive d'être plus pertinente que dans les bureaux du FMI. Au Mexique, je suis reçue devant le Parlement et les autorités judiciaires. Dans les couloirs de l'ONU, les diplomates africains se bousculent pour me féliciter et m'encourager. En Bulgarie, les salles sont combles. En Inde, avec

cile à critiquer au-delà de la mer du Nord. De Paris à Oslo, en passant par Milan ou Madrid, c'est toujours la même histoire. Lorsqu'une enquête effleure le pouvoir, celui-ci mord aussitôt avec ses armes : l'influence et la puissance.

Bernard Bertossa, l'ancien procureur de Genève, nous formons des magistrats venus de toute la péninsule, confrontés à leur tour aux obstacles qui furent les nôtres dix ans plus tôt dans les enquêtes sur des affaires de corruption. Mon bureau reçoit chaque jour de nouvelles demandes d'interviews ou d'interventions publiques, venues du monde entier.

À titre personnel, je pourrais savourer cette revanche sur l'hostilité que j'ai rencontrée au Palais de justice de Paris. Pendant trois ans, il me suffirait de me laisser porter par ce courant favorable et de passer d'auditoire en auditoire. Mon ego en serait largement satisfait. J'aurais même l'illusion d'agir. Mais la trahison serait complète vis-à-vis du gouvernement norvégien et des citoyens épris de justice à travers le monde.

Mon travail, au contraire, consiste à utiliser l'espoir que les citoyens placent en nous. Je n'ai pas à en avoir peur. Cette force est un élan pour l'action, comme au judo. Nous devons être des « accélérateurs de particules » pour quatre ou cinq réformes fortes qui peuvent changer la donne et réduire l'impunité des élites.

En chimie, il suffit parfois d'un élément hétérogène pour que la catalyse se produise. Je peux être ce parasite au sens chimique, venu d'ailleurs, hors du système habituel des pouvoirs. Je dois me dissoudre dans ces idées, comme un messager qui s'efface lorsqu'il a atteint son but, et évacuer tout calcul personnel de cet effort. Si je me sers de l'adhésion de mes interlocuteurs pour satisfaire mes intérêts, cette force me détruira. Pour avoir une chance de gagner la partie, je ne dois rien avoir à gagner, ni pour moi ni pour la Norvège.

La grande corruption

En entrant dans le cercle des diplomates, je garde l'esprit d'un magistrat instructeur au plus près des faits, comme ce personnage du *Voyage du pèlerin*, de John Bunyan, qui *« préfère racler la saleté du sol »* plutôt de que lever les yeux vers le ciel. Je n'ai pas brûlé mes racines.

Je découvre l'univers des négociations internationales. Le bâtiment de l'ONU à Vienne, à l'extérieur de la ville, est un immense édifice fermé sur lui-même, impressionnant. Des milliers de fonctionnaires du monde entier circulent dans les couloirs. Les palabres en toutes langues ne cessent jamais. Je rencontre des juristes rodés à toutes les subtilités du droit, capables de trouver des formules adaptables à tous les systèmes juridiques.

Les séances marathons entre experts sont un spectacle étonnant. Chaque mot est une lutte. D'infinies négociations permettent de déplacer quelques virgules et un ou deux adjectifs... À défaut de compétence décisive en la matière, j'essaie d'apporter ma force de conviction et mon expérience dans les rencontres de couloir, les dîners d'ambassade et les petits déjeuners d'hôtel, là où se font et se défont les alliances. Avec mes compagnons de délégation, nous formons un attelage plein d'énergie.

La tâche, il est vrai, est colossale, tant le penchant naturel de ces institutions est le consensus. J'essaie au maximum de parler sans fard. Cela surprend parfois. Les diplomates ont l'art de dire les choses sans les énoncer tout à fait. Lorsqu'il faut prendre un exemple concret, ils ont pris l'habitude d'évoquer l'Uurdistan, un pays imaginaire digne des aventures de Tintin : là au moins, aucun ambassadeur ne risque de s'offusquer... Je ne parle pas de l'Uurdistan. Je dis les choses telles qu'elles sont.

La coutume, lorsqu'une délégation veut prendre la parole, est de dresser le petit drapeau de son pays, posé sur la table. Un jour, à l'OCDE, j'ai ainsi pris la parole pour demander la levée de l'immunité des juges. J'avais à peine commencé ma démonstration que des dizaines de petits drapeaux se sont levés. Mais j'ai raconté ma tournée dans les pays de l'Est et l'ampleur du problème de la corruption des juges, trop souvent habitués depuis le système communiste à vendre leurs décisions contre quelques avantages indus. L'exemple a porté. À la fin de mon intervention, tous les drapeaux s'étaient couchés.

Ainsi, souvent, après quelques secondes de flottement, les langues se délient. Les esprits s'échauffent. Il arrive que la discussion déborde en dehors des enceintes officielles, loin des rapports froids et de leur « novlangue ».

LE MONDE DE M. BONHEUR

Je prends conscience rapidement que les conventions internationales ont un seul défaut : elles sont rédigées par des gens honnêtes, des fonctionnaires consciencieux qui passent d'un avion à une salle de réunion. Nombre d'entre eux sont épris du bien commun. Mais ils vivent dans la bulle des institutions. Ils se représentent la corruption et le blanchiment comme un autre monde. Ils se battent contre un ennemi qui n'existe pas. Alors qu'il est là, à côté d'eux, parfois au sein même de leur gouvernement.

J'ai eu l'occasion de visiter un jour l'école de police norvégienne. Une opération fictive se déroulait sous nos yeux. Dans un décor reconstitué, des élèves policiers apprenaient à investir l'appartement d'un dealer : ils devaient entrer par surprise et se précipiter vers la porte des toilettes pour que le trafiquant ne fasse pas disparaître son stock de cocaïne... Mais aucun test n'était prévu dans le bureau du banquier chargé de recycler les sommes provenant du trafic. Les chiens douaniers détectent la cocaïne... ils ne peuvent rien contre les comptes numérotés. Cet exercice-là se serait déroulé dans un tout autre décor. Il aurait fallu supprimer le papier peint minable ou les sachets de poudre derrière la cuvette émaillée et installer un bureau d'acier et de bois exotique, une moquette de dix centimètres en angora et des ordinateurs branchés sur les chambres internationales de compensation. Comme le dit d'une boutade le juge espagnol Baltasar Garzón, il est désormais inutile de braquer une banque : il suffit de l'acheter.

Lorsque le crime est à notre tête, tout se complique.

La vieille histoire de l'homme qui, un soir, après avoir perdu ses clés, les cherche sous un lampadaire, là où le trottoir est éclairé, s'applique à merveille à la justice. Nous ne trouvons que là où nous cherchons, aurait dit M. de La Palice. Or la grande corruption est invisible, elle s'incruste au cœur du pouvoir le plus insoupçonnable. Le PDG d'Enron était une des figures du capitalisme américain, encore cité en exemple par toute la presse financière quelques semaines avant d'être photographié les menottes aux poignets. Le crime d'argent ne se donne pas à voir : il faut le chercher, gratter derrière les apparences.

L'esprit se récrie lorsqu'il s'agit d'accepter l'existence d'un système généralisé de corruption. Grand pourfendeur des instructions financières, et parfait représentant des élites françaises, le philosophe Alain Finkielkraut propose une alternative simple : « *Soit on s'intéresse aux "affaires", soit on s'intéresse aux affaires communes*[1]. » En somme, la corruption n'est pas un thème politique mais une question de bas étage qui pollue le débat public.

Cette posture est confortable mais absurde. La grande corruption est au cœur des « *affaires communes* » et non en marge. Dans le dossier Elf, il n'y avait pas deux réalités mais une imbrication totale de la stratégie d'entreprise et de la délinquance financière. Toutes les décisions essentielles, qu'il s'agisse des négociations de prospection pétrolière, des rachats de concession, des contrats d'assurance ou des acquisitions immobilières ont donné lieu à des flux d'argent occultes.

Il faut affronter cette réalité-là, sinon elle s'imposera à nous quand il sera trop tard.

Le pessimisme de Vaclav Havel, un intellectuel qui a eu les cartes du pouvoir en main, est une alerte sérieuse. À l'heure de quitter le pouvoir en République tchèque, il expliquait : « *Le capitalisme mafieux étend ses ramifications à tous les niveaux de l'État, et je ne sais pas s'il est encore temps d'arrêter sa progression. Des sommes considérables sont passées de main en main ; des méthodes incroyablement sophistiquées ont été mises au point dans le seul but de détourner des milliards de dollars. C'est une inquiétude majeure*[2]. » Mais il est sans doute plus rassurant de se persuader, comme le font les élites européennes, que les

---

1. « Justice et politique : l'impossible cohabitation ? », *Panoramiques*, n° 63, 2003, p. 98.
2. « Justice et politique : l'impossible cohabitation ? » *op. cit.*, p. 98.

affaires communes ne sont pas altérées par le système de corruption.

Pourquoi un tel déni ? Lorsqu'il a été question
d'étendre à la Norvège la législation de l'Union
européenne contraignant diverses professions sensibles (avocats, commissaires aux comptes, etc.) à
signaler les infractions dont ils avaient connaissance en matière de blanchiment, un grand juriste
s'est alarmé des risques totalitaires que compor-
tait ce projet. Il porte un nom qui ne s'invente
pas — M. Bonheur — et a rédigé son article dans
son village de trois mille habitants, au pied d'une
montagne bucolique et tendre comme seul le
Grand Nord sait en façonner.

J'aimerais vivre dans le monde de MM. Bonheur et Finkielkraut, une démocratie où les affaires communes seraient l'occasion de débats
essentiels, où les chefs d'État n'ouvriraient pas de
comptes numérotés à l'étranger, où les banquiers
et les commissaires aux comptes seraient tous respectueux des lois... Mais j'ai le sentiment qu'eux-
mêmes ne savent pas dans quel monde ils vivent.
Il est bien sûr possible de garder nos œillères et
de continuer à rêver éveillés. Ce n'est pas mon
choix. Nous devons penser la corruption : il faut
en extraire le sens, comme on presse le jus d'une
grappe de raisin.

DIX ANS POUR BASCULER

J'aurais été incapable de formuler les choses d'une manière aussi directe avant d'instruire l'affaire Elf. Jusqu'à l'âge de 50 ans, je faisais partie de ceux qui croient en la grandeur des institutions et en la noblesse du pouvoir. Je revendique cette longue période de naïveté : elle était confortée par ma pratique quotidienne de la société française. J'ai été conseiller juridique dans un hôpital psychiatrique et magistrat en banlieue parisienne. J'ai longtemps été plongée dans un univers médical. Ce n'était pas un monde irénique : la maladie, la folie ou le crime m'ont appris l'infinie fragilité de l'être humain, sa part de secret et de ténèbres. Je pense souvent à cette statue de Giacometti, filiforme, déséquilibrée, prête à chavirer, que le sculpteur a appelé *L'Homme qui marche*. Il faut avoir fait partie des voitures balais de la société pour approcher une certaine misère humaine.

Cependant, j'ai vécu ces années-là dans un univers où les mots avaient un sens. J'ai rencontré des médecins qui soignaient tout le monde, sans considération de fortune ; des psychiatres, des policiers, des éducateurs ou des magistrats qui faisaient leur métier simplement et avec conscience. Lorsque j'ai appartenu à une commission du ministère des Finances qui cherchait à sauver des entreprises au bord du dépôt de bilan, nous trouvions des solutions en remuant ciel et terre. J'ai connu à cette époque de vrais capitaines d'industrie et des fonctionnaires de haut vol. Je n'avais pas l'impression d'évoluer dans un théâtre d'ombres.

J'appartenais à la grande cohorte des citoyens lambda qui vont travailler contre un salaire régulier, paient leurs impôts, respectent la loi en dehors de petites infractions de trois fois rien et ne se posent pas de questions sur tout. Aussi, j'ai longtemps pensé que la corruption des élites était marginale. Après tout, comme le disait Oscar Wilde, « *il faudrait être fou pour ne pas se fier aux apparences* ».

Il m'a fallu dix ans pour basculer.

Mon premier choc a été l'interrogatoire de Pierre Conso, le PDG des Ciments français, une entreprise de premier plan, troisième acteur mondial de son marché. Nous travaillions à l'époque sur un délit d'initié d'envergure qui avait permis la constitution d'une caisse noire à l'étranger. Mon interlocuteur était sincèrement étonné de ma surprise. Je revois encore ses sourcils en accent circonflexe lorsqu'il m'a dit : « *Il n'y a qu'un juge pour ne pas savoir que le capitalisme s'est construit à coup de délits d'initié ! Madame, toutes les entreprises du CAC 40 ont une caisse noire...* » Il y avait une sorte d'exaspération navrée dans sa voix, comme un professeur d'université qui s'adresse à une novice.

Bien sûr, la première défense d'un délinquant, qu'il porte un blouson de cuir ou un costume de flanelle à fines rayures, consiste toujours à se couvrir par un rituel — « *Tout le monde le fait* » — censé l'exonérer de sa responsabilité. J'aurais pu repousser sa défense d'un revers de la main. Pourtant, ses accents étaient sincères : je n'avais pas en face de moi un prédateur, mais un entrepreneur.

Le deuxième choc est venu en travaillant sur les tableaux constitués par notre *alter ego* genevois Paul Perraudin sur les détournements présumés d'Elf. Pour la première fois, les flux en Suisse d'une grande entreprise (alors la première de France) étaient photographiés dans le détail : les détournements supposés atteignaient, sur trois ans, plus de deux milliards et demi de francs, soit la moitié du bénéfice annuel de la firme. Je n'étais plus face à un comportement marginal mais face à un système. Cette prédation presque tranquille, automatique — elle concernait jusqu'aux contrats d'entretien des avions loués par Elf —, avait pu se dérouler sans provoquer ni heurt ni rumeur parmi les concurrents.

Comme si elle était naturelle.

NOUS OCCULTONS LA VÉRITÉ

J'ai voulu comprendre la portée de ce que nous avions découvert. Rien ne nous avait préparé à accepter cette réalité inquiétante. Notre expérience individuelle était fragmentaire. J'ai donc décidé de prendre du recul, et de m'extraire du dossier judiciaire pour chercher des clés de compréhension. Ma frustration a été à la hauteur de mon désir d'apprendre. Si la grande corruption des dirigeants est un sujet propice aux pamphlets médiocres et aux propos à l'emporte-pièce, elle est trop rarement l'occasion d'une vraie réflexion.

Intellectuellement, en dehors de quelques efforts isolés, les travaux d'Edwin Sutherland sur la délinquance en col blanc, qui datent de 1933, restent d'actualité soixante-dix ans après, alors que les lignes du paysage économique et social ont été bouleversées avec la mondialisation des échanges[1]. En France, quelques rares missions parlementaires d'information apportent des éléments nouveaux[2]. Mais le crime d'argent reste perçu comme un sujet de faits divers.

Alors qu'il est un fait politique.

Les rapports internationaux participent à cette confusion. Ils jonglent avec des concepts abstraits ou avec des chiffres démesurés, aussi effrayants

---

1. En France, citons cependant les travaux pionniers de Pierre Lascoumes (*Élites irrégulières*, Gallimard, 2000), Jean de Maillard (*Un monde sans loi, op. cit.*) ou Yves Meny (*La Corruption politique*, Fayard, 1992).
2. *Cf.* les efforts remarquables — et solitaires — de la *Mission d'information sur les obstacles au contrôle et à la répression de la délinquance financière et du blanchiment des capitaux en Europe*, emmenée par Vincent Peillon et Arnaud Montebourg, ou le travail sincère de la *Mission d'information sur le rôle des compagnies pétrolières dans la politique internationale*, présidée par Marie-Hélène Aubert.

que nébuleux, sur les « mafias », alors que mon expérience des dossiers judiciaires est plus ambivalente. Je ne vois pas l'hydre du mal, un crime terrible et multiforme qui attaquerait nos forteresses assiégées, mais un pouvoir respectable et installé qui a intégré la grande corruption comme une dimension naturelle de son exercice.

Un journaliste américain a raconté de manière saisissante l'aventure d'Enron, ce géant du courtage en électricité dont la faillite a entraîné Wall Street dans la plus grande remise en cause de son histoire depuis le krach de 1929 : « *C'était deux histoires complètement différentes : l'image publique, polie par ses plus anciens dirigeants, d'une puissante entreprise, innovatrice et sur le point de changer le monde ; et la vérité cachée d'une compagnie rongée de secrets. C'était comme un paquebot de croisière rutilant qui paraissait avancer rapidement, ses passagers dînant dans le luxe, tandis que, sous la ligne de flottaison, l'équipage en sueur écopait frénétiquement l'eau qui jaillissait*[1]. »

Ces deux histoires étaient en fait une seule et même histoire.

Notre appréhension du phénomène est faussée par notre besoin de l'occulter. La grande corruption est toujours présentée comme une dérive accidentelle, un dérapage, et non comme le sys-

---

1. *The New York Times*, 10 février 2002.

tème qu'elle est devenue. Pas un seul commentaire accompagnant le procès Elf n'a omis le paragraphe rituel sur « *le temps révolu de ces pratiques détestables* ». Nous faisons semblant de penser que le pouvoir n'est en rien altéré par le crime qui a été commis en son sein, avec sa bénédiction.

Comme si ce qui ne doit pas être — la trahison des élites — était évacué du champ de notre pensée par une sorte d'aveuglement collectif. Le mot français *scandale* dérive du grec *skandalon*, qui signifie « piège » ou « obstacle ». Nous vivons les affaires comme un piège à éviter ou un obstacle à surmonter. Nous occultons la vérité qui en découle.

Le sujet est déclaré clos avant même que le débat ait lieu.

LA FIN DES AFFAIRES

En Italie, un bras de fer s'est engagé entre le pouvoir politique et la justice pour refermer par la force le chapitre *Mani Pulite*[1]. Le pouvoir s'est

---

1. Lancée en 1992 par les magistrats milanais, au premier rang desquels Antonio Di Pietro, l'opération *Mani Pulite* (Mains propres) a mis en lumière la corruption généralisée affectant le système italien des partis. Concernant au départ un notable socialiste surpris en flagrant délit de corruption, l'enquête a dévoilé la généralisation des pots-de-vin en matière d'attribution des marchés publics (avec des commissions qui représentaient 10 à 20 % de chaque contrat). Arrestations et procès ont fait voler en éclats les partis socialiste et démocrate-chrétien.

adapté et il a repris la main. Devenu président du Conseil à la suite d'une campagne à grand spectacle, Silvio Berlusconi, l'homme le plus riche d'Italie[1], a adapté les lois pour étendre la prescription des délits financiers, rapatrier les capitaux illégaux et supprimer, *de facto*, certains délits tels que la présentation de faux bilan. Comme l'a écrit le prix Nobel de littérature Dario Fo, « *nous sommes devant le paradoxe le plus insensé, digne d'Ubu roi, la farce de l'impossible : on fait les lois exprès pour le roi, on choisit des ministres dans sa cour et ils défendent ses seuls intérêts. La conscience est claire, chez le* Cavaliere *comme chez ses employés, d'avoir tous les pouvoirs en main et de jouir d'une totale impunité*[2] ».

En France, le gouvernement tente également de bloquer la machine infernale des affaires. Selon les détracteurs de la justice financière, ces investigations interminables auraient surtout écorné l'honneur de quelques boucs émissaires victimes d'une « *justice robespierriste* » (*sic*). « *La suspicion a entraîné la création à grand fracas d'un pôle financier qui a accouché d'une souris de rien du tout, alors qu'il avait tous les pouvoirs possibles, tous les ordinateurs qu'il fallait, toutes les possibilités d'enquête* », explique, toujours avec le plus grand sérieux, Alain Finkielkraut — qui, à défaut de connaître précisé-

---

1. Selon le magazine *Forbes*, Silvio Berlusconi est la troisième fortune d'Europe et la douzième du monde.
2. *Le Monde*, 11 janvier 2002.

ment le sujet qu'il évoque, ne manque pas de constance dans la vindicte[1].

Le retour du balancier en France et en Italie ne doit pas fausser notre jugement. Certaines idées toutes faites circulent avec tant d'insistance qu'elles finissent par ressembler à des courants d'air. Les « scandales » judiciaires n'ont été que les prémices d'un vaste mouvement de déplacement du pouvoir.

Sous nos yeux, une métamorphose est à l'œuvre.

Le philosophe anglais Hume préconisait de s'extraire des infimes variations de notre perception et de l'instant présent pour entrer, les yeux mi-clos, dans une sorte d'indifférence à l'écume des choses. L'inattention au détail permet de distinguer la réalité du monde[2]. En prenant un peu d'altitude, une autre réalité prend forme.

Et alors, quel ouragan !

Selon le parquet de Milan, la grande corruption des dirigeants italiens a atteint, en dix ans, 500 milliards de lires (environs 258 millions d'euros)[3]. Depuis 1990, les magistrats italiens ont inculpé cinq mille personnes (dont trois cent

---

1. *Op. cit.*, p. 98. Deux précisions : les moyens à notre disposition n'étaient malheureusement pas illimités, loin s'en faut ; et en guise de « *souris de rien du tout* », le pôle financier a notamment accouché du procès Elf, qui juge des délits financiers se montant à plusieurs centaines de millions d'euros, et de l'enquête sur l'Angolagate, qui concernerait d'ores et déjà cent millions d'euros de flux suspects.

2. « *Careless and inattention alone can afford us any remedy* », explique-t-il dans *Treatise of Human Nature*, Penguin, Londres.

3. Cité par *Libération*, 7 décembre 1994.

trente-huit députés, huit cent soixante-treize entrepreneurs et mille trois cent soixante-treize fonctionnaires) et renvoyé trois mille deux cents personnes devant les tribunaux — où le taux de condamnation est supérieur à 90 %[1]. Malgré cet effort sans précédent, ce que les Italiens appellent la *Tagentopoli* (la cité des pots-de-vin) n'a pas disparu. Récemment encore, trente et une personnes — fonctionnaires et dirigeants d'entreprise — ont été impliquées dans une affaire de corruption impliquant l'Anas, l'organisme public chargé du réseau routier, flagrant délit de pot-de-vin à l'appui[2].

En France, au cours de la dernière décennie, plus de neuf cents élus ont été mis en examen (à 67,6 %, pour des délits financiers), dont trente-quatre ministres ou secrétaires d'État sur cent vingt-huit — soit près du quart[3] ! Notre président de la République lui-même, à la fin de son mandat, devra affronter plusieurs procédures judiciaires qui sont aujourd'hui suspendues.

En Espagne, il y a quelques années, les affaires ont entraîné la chute des dirigeants socialistes. En 2002, une investigation portant sur une caisse noire de grande ampleur — plus de 225 millions d'euros de fonds secrets placés à Jersey et au Liechtenstein — a atteint le groupe bancaire BBVA,

1. *Cf. La Repubblica*, 6 mars 1997, et *L'Hebdo*, 28 février 2002.
2. AFP, 12 février 2003.
3. *Cf. Le Casier judiciaire de la République*, Bruno Fay et Laurent Ollivier, Éditions Ramsay, 2002.

numéro un du pays, pour des opérations de blanchiment et de pots-de-vin au profit de dirigeants
d'Amérique latine.

En Argentine, la crise financière a servi de révé-
lateur, comme lorsqu'un étang est vidé de son eau
brutalement et laisse affleurer le limon, les racines englouties et les poissons des profondeurs.
L'ampleur de la corruption et les manipulations
financières douteuses apparaissent désormais au
grand jour. La situation avait atteint de telles
proportions que le représentant en Argentine de
la *Drug Enforcement Administration* (DEA, l'agence
américaine chargée de la lutte antidrogue) devait
confier que « *si toutes les affaires venaient à apparaître
au grand jour, la moitié du pays serait impliquée*[1] ».
De son côté, la députée Elisa Carrio, présidente
d'une commission d'enquête parlementaire, dénonçait officiellement « *l'existence d'une matrice criminelle dont l'impunité est garantie au sommet de la
Cour suprême, avec des ententes entre partis ou anciens
et actuels responsables*[2] ».

Au Pérou, l'homme fort du régime, Vladimiro
Montesinos, éminence grise du président Fujimori,
fait l'objet de soixante-dix chefs d'inculpation
allant de la corruption au trafic d'armes. Durant
l'enquête, on a trouvé en sa possession plus de
huit cents cassettes vidéo montrant des remises
d'argent illicites qu'il conservait pour tenir ses

1. Cité par l'AFP, 15 novembre 2001.
2. *Ibid.*

interlocuteurs. Les autorités judiciaires estiment qu'il serait à l'origine « *d'un vaste réseau de corruption qui a gravement gangrené la société péruvienne*[1] ».

Aux États-Unis, la faillite d'Enron, sixième entreprise mondiale au palmarès de *Fortune*, a provoqué un séisme après vingt ans de mondialisation à marche forcée. Célébrée par les analystes, la presse et l'*establishment* américain comme une entreprise modèle, la firme n'avait été imposable qu'une seule fois au cours des cinq dernières années. Dans le même temps, elle ouvrait huit cent quatre-vingt-une filiales dans les paradis fiscaux : six cent quatre-vingt-douze aux îles Caïmans, cent dix-neuf aux îles Turks et Caïques, quarante-trois à l'île Maurice et huit aux Bermudes[2]. Les tricheries sont évaluées à près d'un milliard de dollars en six ans[3]. Son chiffre d'affaires et ses bénéfices étaient artificiellement gonflés. La direction de l'entreprise a caché l'ampleur de la déroute et s'est enrichie discrètement. « *Vingt-neuf dirigeants et administrateurs ont profité de leur connaissance de la situation réelle de l'entreprise pour vendre leurs actions Enron avant qu'elles ne valent plus rien. Ils ont cédé pour 1,1 milliard de dollars de titres entre octobre 1998 et novembre 2001*[4]. »

Dans les pays de l'ancien bloc soviétique, depuis dix ans, la corruption est un fléau majeur. Selon le procureur général Vladimir Oustinov, elle coû-

---

1. AFP, *12 février 2003*.
2. In *The Financial Times*, 15 avril 2002.
3. In *The Washington Post*, 22 mai 2002.
4. In *Le Monde*, 8 février 2002.

terait à la Russie 15 milliards de dollars par an[1]. En Pologne, un sondage récent indique que 89 % des Polonais estiment que leur pays est « *rongé par la corruption* »[2]. J'ai personnellement constaté, pour le compte de l'OCDE, une situation alarmante en Bulgarie, où 25 % des entreprises ayant conclu un marché public ont déclaré avoir versé un pot-de-vin[3]. Quant à la Roumanie, le Premier ministre Adrian Nastase a proclamé la lutte anticorruption « *priorité des priorités* »[4].

Inde, île Maurice, Pakistan, Indonésie, Uruguay, Mexique, Nigeria, Angola... Je pourrais continuer cette litanie sur plusieurs chapitres. Elle illustre l'acuité de cette question à l'heure où certains pays européens mettent au pas la justice, pour casser le thermomètre à défaut de supprimer la fièvre.

Ma conviction est qu'il existe *une question de la corruption* liée à la mondialisation, tout comme les démocraties occidentales ont dû affronter *une question sociale* à la fin du XIXe siècle, avec l'essor de l'industrie lourde.

TOUT ÇA POUR ÇA ?

Le phénomène nous aveugle et nous paralyse à la fois. Aussi *la question de la corruption* a été diluée

1. Cité par l'AFP, 23 mars 2001.
2. AFP, 24 janvier 2003.
3. Selon l'étude de l'ONG Coalition 2000, qui enquête depuis cinq ans sur ce sujet et interroge des milliers d'entrepreneurs.
4. Entretien à *Libération*, 7 février 2003.

dans la notion à la fois plus vaste et plus floue de blanchiment. Car autant la grande corruption est un tabou universel (chaque enquête provoquant une levée de boucliers de la part des élites), autant le blanchiment est une notion prospère, qui est l'obsession affichée des instances internationales.

Depuis quinze ans, colloques, directives, rapports et législations sur le blanchiment se sont accumulés[1]. Comme tous les « experts », je pourrais être invitée sept jours sur sept, de janvier à décembre, aux symposiums en tout genre consacrés à ces questions à travers le monde.

Avec le temps, le terme de blanchiment a fini par recouvrir indistinctement les marchés de la prohibition (drogue, commerce avec les pays sous embargo ou contrebande), l'économie parallèle (prostitution, marché noir et petite corruption endémique), l'évasion fiscale (du fraudeur individuel aux jeux d'écriture entre filiales de groupes internationaux), les manipulations comptables et la corruption des élites. Autant dire que le mot a perdu de son sens.

On regroupe pêle-mêle, sous la même enseigne, l'ancien chef d'État nigérian Sani Abacha et

---

1. La *Convention des Nations unies contre le trafic illicite de stupéfiants et de substances psychotropes*, signée à Vienne en 1988, a été la première à considérer le blanchiment de l'argent comme une infraction pénale — qui devait s'étendre à tous les pays. Elle a été suivie, en 1989, par la création du Gafi, qui a édicté des recommandations et publié une liste noire des États et territoires non coopératifs.

ses quatre milliards de dollars de réserves personnelles et le petit dealer de Birmingham ; les « *raptors* », ces montages financiers qui ont permis de cacher 504 millions de dollars de pertes dans les comptes d'Enron[1], et la prostituée slovaque qui recycle son argent dans une société d'assurance autrichienne.

À tout mélanger, on risque surtout la confusion. Le blanchiment est un crime lointain, attribué aux financiers *offshore*, tandis que la corruption est un crime proche qui touche les hommes et les femmes qui nous dirigent.

Lorsque les experts mondiaux veulent effrayer l'opinion publique, il leur suffit de cumuler le marché global de la drogue et les chiffres du marché noir, le chiffre d'affaires de la contrefaçon, de la contrebande et de la prostitution. À cette échelle, les chiffres se vident de sens puisque l'esprit est incapable de se représenter une somme donnée au-delà de quelques zéros. À quoi comparer ces chiffres pharaoniques ? Lorsque ces montants sont ramenés au PIB mondial, on aboutit à une fourchette comprise entre 2 % et 5 %, dont près de la moitié pour le trafic de drogue[2]. Malheureusement, un chercheur canadien a récem-

1. Par dérision, leurs concepteurs ont baptisé ces opérations du nom d'une espèce de dinosaures particulièrement intelligente et vorace rendue célèbre par *Jurassic Park*.
2. D'après le FMI *(chiffres 2002)*, cité par Christian Chavagneux in *Rapport du conseil d'analyse économique sur la gouvernance mondiale.*

ment publié une étude à charge contre le chiffrage de l'économie occulte. Il a remonté la piste de certaines déclarations péremptoires qui avaient fait le tour de la planète : la plupart étaient de simples estimations en chambre, assez fantaisistes.

Au-delà de ces querelles de chiffres, le paradoxe est là : malgré la mobilisation internationale et l'arsenal mis en place à l'échelon des grandes institutions, nous avons fait chou blanc. Le cas du commerce de la drogue est édifiant. Le simple bon sens permet d'observer que les résultats de la lutte sont dérisoires : quelque menu fretin, un ou deux coups de filet symboliques par an. *« En 1971, quand le président Richard Nixon a déclaré la guerre à la drogue, on comptait un peu moins de cinq cent mille toxicomanes aux États-Unis. À l'époque, le budget anti-drogue ne dépassait pas cent millions de dollars. Trente ans et mille milliards de dollars plus tard, le nombre de toxicomanes américains dépasse les cinq millions et la guerre coûte vingt milliards de dollars par an au budget. Tout ça pour ça ?*[1] »*, écrit Michael Levine, un ancien membre de la DEA.

La lutte contre le commerce des stupéfiants se heurte à une série de leurres. Leurre politique, d'abord : la plupart des grandes puissances ont protégé des circuits criminels pour des raisons géopolitiques. Après l'entrée des troupes soviétiques dans Kaboul, en 1979, les services secrets

---

1. Kristina Borjesson, *Black List. Quinze grands journalistes américains brisent la loi du silence*, Les Arènes, 2003.

occidentaux et pakistanais ont recommandé aux moudjahidine afghans la culture du pavot pour financer leur guerre contre l'armée Rouge[1]. Aux États-Unis, l'enquête officielle sur le « Contragate » a montré la collaboration de la CIA avec les cartels colombiens de la cocaïne dans le but de financer la Contra nicaraguayenne. Tandis qu'au Panama, Manuel Noriega, lui-même salarié de l'agence de renseignements américaine, contribuait à blanchir l'argent des narcotrafiquants latino-américains. En Europe, des organisations indépendantes telles que l'Observatoire géopolitique des drogues ont dénoncé a plusieurs reprises la tolérance des autorités communautaires vis-à-vis du trafic de drogue. Ainsi les grandes puissances combattent de la main gauche ce qu'elles tolèrent, voire encouragent, de la main droite...

Le leurre politique s'accompagne d'un leurre financier. Fruit d'une année d'enquête, un rapport du sénateur américain Levin rendu public en février 2002, montre la participation des plus grandes banques[2] au blanchiment de l'argent, notamment par le biais des « banques correspondantes » qu'elles hébergent généreusement. L'économie de la prohibition est une source de capitaux pour le système financier, lequel a su s'adapter pour recevoir cette manne conciliante sans se faire prendre. Les paradis bancaires des Antilles pros-

---

1. *Cf. Le Monde*, 30 octobre 2002.
2. Il cite la Bank of New York, la Bank of America, Citigroup, JP Morgan, Chase...

pèrent avec le trafic provenant d'Amérique latine, et Singapour s'enrichit grâce aux narcodollars birmans.

Les établissements les plus respectables jouent un double jeu. La première banque française, BNP-Paribas, a des succursales dans huit des quinze pays accusés par l'OCDE de ne pas coopérer dans la lutte contre le blanchiment d'argent[1]. Autre exemple d'hypocrisie : le numéro un allemand, la Deutsche Bank, a menacé de fermer sa filiale à l'île Maurice, un des centres financiers les plus douteux du globe, après avoir été mis en cause par le service de lutte contre le blanchiment du gouvernement mauricien... qui a finalement préféré fermer les yeux.

Le risque existe de voir nos efforts se perdre dans un trou noir absurde, kafkaïen, parce que la compréhension profonde du problème nous échappe. Ma conviction, appuyée sur huit années d'expérience de terrain, est que nous ne trouvons pas la solution à l'équation de la délinquance financière parce que celle-ci comporte trop d'inconnues. Il faut isoler une variable et se concentrer sur elle. La grande corruption est le nœud gordien. S'il était tranché, la donne changerait de manière spectaculaire.

---

1. « Les filiales compromettantes des grandes banques européennes », *L'Expansion*, 28 septembre 2000.

Le verrou

Je me souviens du rire sardonique d'un directeur de département à l'ONU, dans son immense
bureau d'angle ouvert sur New York : « *Vous êtes
inconsciente, Madame. Comment pouvez-vous imaginer arriver au moindre résultat ?* » Il était pourtant
chargé d'un des volets de la lutte anticorruption.
Notre adversaire, c'est le sentiment universel de
fatalité. Après tout, « *la corruption a toujours existé* ».
À quoi bon partir, la lance au côté tel le chevalier
de la Mancha, à l'assaut de ces moulins à vent ?

Les fatalistes ont tort : tout a changé.

Bien sûr, les noces du pouvoir et de l'argent
sont une très ancienne histoire.

Sous la monarchie, en 1700, « *donner et faire des
cadeaux* » figurait au *Bréviaire des politiciens,* du car-
dinal Jules Mazarin. De grands ministres furent
de grands prédateurs. Au temps de sa splendeur,
Colbert, l'intendant du roi Louis XIV, était par-
venu à amasser une fortune équivalente à 5 % du
budget du royaume : droits de battre monnaie

concédés contre des pots-de-vin, manufactures englouties dans les scandales financiers, banque-route de la Caisse des emprunts, bonus royaux versés « *en considération de ses services* », etc. « *L'austère Colbert mélangeait allègrement les caisses du royaume et les siennes. Les nouvelles manufactures étaient l'occasion de tous les trafics. Toutes les institutions lui versaient des pots-de-vin. [...] La notion de budget de l'État restait floue. Il n'était guère choquant qu'un ministre puisse en même temps jouer le rôle de banquier du pays. La différence entre un fonctionnaire et salarié du ministre n'était pas très claire[1].* »

Aussi la République issue des lumières s'est construite contre le suffrage censitaire (où le poids d'une voix était proportionnel à la fortune), contre les juridictions de castes (où les nobles étaient jugés par leurs pairs) et contre les charges que l'on achetait. Les révolutionnaires renouaient avec l'idéal des Athéniens, pour qui « l'idiot » était celui qui ne pensait qu'à ses intérêts privés, alors qu'un homme libre digne de ce nom se consacrait au bien commun : lui seul donne forme à nos vies mortelles et inachevées. Cependant la démocratie a un talon d'Achille : sa vulnérabilité

---

1. « Colbert : le grand serviteur de l'État n'a pas oublié de se servir », Pierre-Henri Menthon, *Historia*, octobre 1996. Ces abus étaient pourtant punissables : « *Certaines pratiques, comme les pots-de-vin, étaient formellement interdites au XVIIᵉ siècle. Plusieurs procès retentissants ont eu lieu, dont ceux du surintendant Fouquet, en 1661, ou du financier italien Bellinzani, en 1680, accusé d'avoir versé des dessous-de-table à l'adjoint de Colbert.* »

face aux faiblesses individuelles. La corruption des esprits, sans cesse, menace l'édifice, qui repose sur un idéal relatif.

UNE AUTRE ÉCHELLE

Parallèlement, l'essor du capitalisme n'a pas été sans tache morale. La pratique des commissions occultes est vieille comme le commerce mondial. *« Samuel Pepys, premier Lord de l'amirauté britannique (1633-1703), considérait qu'un pot-de-vin était acceptable dès lors qu'il était discrètement glissé "sous la table" [...] Enveloppes rouges en Chine,* bakchich *en pays arabe,* matabiche *en Afrique centrale,* payola *aux Philippines,* promina *en Amérique latine, les mots pour désigner la corruption sont innombrables*[1]. » Les grandes compagnies maritimes ont largement abusé de la piraterie, de la traite des esclaves et du trafic d'influence.

Au début du XIXᵉ siècle, les libéraux et les théoriciens du capitalisme admettaient d'ailleurs l'imperfection morale, espérant que les ombres et les lumières individuelles se combineraient naturellement selon *« la fable des abeilles »* de l'économiste anglais Mandeville : comme dans une ruche, les forces contraires des uns et des autres finiraient par travailler pour le bien commun. Nombre de

1. Pierre Abramovici, « Les jeux dispendieux de la corruption mondiale », *Le Monde diplomatique*, novembre 2000.

grandes fortunes industrielles ont une origine obscure. Aux États-Unis, au tournant du XXe siècle, les « barons voleurs », ces géants de l'industrie et des finances, contrôlaient l'économie et les hommes politiques sans lésiner sur les moyens[1].

Depuis un siècle, notre histoire politique est rythmée par des scandales politico-financiers récurrents qui peuvent donner l'impression trompeuse que les affaires qui nous préoccupent sont du même registre : des accidents inévitables mais marginaux, intrinsèques à la nature humaine. Or la comparaison historique, au lieu de nous rassurer, est une source d'inquiétude. En France, le plus grand scandale politico-financier des cinq premières républiques, le projet du canal de Panama, a touché une centaine de ministres et de parlementaires. Appelés « *les chèquards* », ils avaient perçu des fonds occultes en échange du vote d'une loi favorisant un emprunt à grande échelle pour soutenir ce projet. Les sommes en jeu à l'époque, une fois actualisées, représentent seulement l'équivalent de treize millions de nos euros — ce qui deviendrait presque, à l'échelle de l'instruction Elf ou de l'Angolagate, une simple broutille. Affaire Stavisky, trafic des piastres, gaullisme immobilier... Ces scandales d'époque occuperaient de nos jours à peine une dépêche

---

1. *Cf.* Howard Zinn, *Une histoire populaire des États-Unis*, Éditions Agone, 2002.

d'agence. La nature et l'ampleur de la corruption que nous devons affronter n'ont pas d'égales dans l'histoire de la démocratie.

Avec la mondialisation financière de ces vingt dernières années, nous avons changé de dimension. La grande corruption actuelle est un phénomène radical : elle n'est plus individuelle mais systémique. Les sommes en question ne sont plus marginales : au contraire, les transferts de richesse indus ébranlent en profondeur notre édifice politique.

S'il faut un point de départ à l'émergence de la grande corruption comme phénomène politique, il est évidemment à chercher dans la « crise de l'énergie ». En 1973, le quadruplement du prix du pétrole a conduit les Occidentaux à chercher le moyen de récupérer de la main gauche l'argent qu'ils étaient contraints de verser aux membres de l'OPEP de la main droite : ventes d'armes, installations nucléaires, grands contrats de travaux publics, services bancaires... Les sommes en jeu étaient telles qu'aucun obstacle ne devait arrêter le commerce des pétrodollars.

Pour prendre la mesure de ces flux financiers, il suffit d'étudier l'exemple des Émirats arabes unis — quatrième réserve prouvée en gaz et en pétrole du monde —, qui ont vu leurs revenus pétroliers multipliés par vingt-cinq entre 1971 et 1980 tandis que les dépenses de l'État fédéral augmentaient de 70 % par an[1]. Cette manne était vitale pour les démocraties occidentales. Le résultat est édifiant : aux États-Unis, pendant la « crise de l'énergie », les profits des quatre grandes entreprises pétrolières ont fait un bon de 146 %.

L'ère des pétrodollars a inauguré le dérèglement des marchés financiers du début des années 1980, qui n'a cessé de s'amplifier depuis. Elle a rejeté à l'arrière-plan les bâtisseurs, les managers classiques et les dirigeants accrochés aux modèles de gestion traditionnels. L'heure de gloire (et de fortune) a sonné pour les intermédiaires, les lobbyistes et les financiers. « *Aux modes de relation fondées sur des règles, des normes et des principes se sont substituées des pratiques fondées sur l'échange au sens le plus large du terme, un système de* "trade off" *généralisé,* écrit Yves Meny. *La disponibilité à la corruption n'est pas seulement une affaire d'appât du gain individuel. Elle est aussi le reflet d'un changement des valeurs dominantes[2].* »

Logiquement, à partir de 1977, les gouvernements européens ont autorisé les entreprises à déclarer aux douanes le montant de la corruption comme des « frais commerciaux exceptionnels ». L'expression dit tout. Ces sommes sont fiscalement déductibles. « *C'est contre l'intérêt général et c'est contre*

1. *Cf.* Roland Marchal, *Dubaï, cité globale*, CNRS éditions, 2002, p. 17.
2. « Corruption, politique et démocratie », *Confluences Méditerranée*, n° 15, été 1995.

la morale. Mais au sens strict, on peut considérer que c'est dans l'intérêt de l'entreprise », expliquait alors le rapporteur du projet de loi autorisant la corruption des fonctionnaires étrangers, M. Darne, devant l'Assemblée nationale française[1].

À l'inverse, à la suite du scandale Lockheed Aircraft — une firme américaine qui avait versé des pots-de-vin à des dirigeants hollandais, italiens, japonais et allemands —, les États-Unis ont adopté dès 1977 le *Federal Corrupt Practices Act*, qui condamne cette pratique... que les entreprises américaines ont cependant toujours observée via leurs filiales dans les paradis fiscaux.

L'utilisation des « frais commerciaux exceptionnels » a été un jeu initiatique. Durant cette période de transition, les entreprises, les corrupteurs et les corrompus ont compris qu'ils pouvaient gagner à tous les coups, en toute impunité, des sommes considérables. En France, par exemple, l'État garantissait ces grands contrats et leurs intermédiaires royalement rémunérés contre d'éventuelles défaillances de leurs clients. Il suffisait d'obtenir « l'agrément Coface[2] ». Ce sésame était souvent décidé au plus haut niveau, voire lors de rencontres en tête à tête entre chefs d'État.

---

1. Cette disposition, abrogée par la convention de l'OCDE, a été introduite en droit français en 2000. Mais il est toujours techniquement possible de corrompre des fonctionnaires étrangers en passant par une filiale installée hors du périmètre de l'OCDE.
2. La Coface est la Compagnie française d'assurance pour le commerce extérieur.

Toutes les dérives sont possibles lorsqu'une décision relève du fait du prince, dans l'opacité absolue.

Durant les années 1980 et 1990, presque chaque année, une dizaine de milliards de francs de contrats non honorés (dont les commissions sont pourtant effectivement empochées) ont ainsi été passés par pertes et profits, entraînant un discret mais généreux transfert de richesses du public au privé, et entérinant la bénédiction de fait accordée à la grande corruption. Une bonne partie des ventes d'armes conventionnelles et d'équipements nucléaires à l'Irak durant la guerre avec l'Iran (pour un passif de 14 milliards de francs au début de l'embargo) a été réglée aux entreprises françaises... par les contribuables — qui ont sans doute financé au passage sans le savoir plusieurs centaines de millions de francs de commissions occultes ![1]

UNE PYRAMIDE TRÈS POINTUE

Les secteurs où se déploie la grande corruption sont restreints, puisque les activités les plus sensi-

1. Entre 1995 et 1999, la moyenne des annulations a dépassé les 8 milliards de francs, avec une pointe à 16,5 milliards de francs. Dans son rapport annuel, la cour des Comptes note que « *les opérations effectuées par la Coface pour le compte de l'État n'apparaissent toujours distinctement ni dans les comptes de l'État [...] ni dans les comptes de la Coface* ». Et ajoute : « *Contrairement aux autres remises de dettes, celles des dettes gérées par la Coface ne sont pas retracées dans le budget de l'État et dans sa comptabilité.* »

bles tiennent sur les doigts d'une main : l'énergie, les grands travaux, l'armement, les télécommunications et l'exploitation des ressources minières[1]. L'enjeu stratégique est indiscutable : sept des quinze premières entreprises mondiales relèvent du secteur de l'énergie[2]. Sur ces marchés étroitement dépendants des États, quelques sociétés majeures écrasent leurs concurrents et dominent le commerce mondial.

Des habitudes de « prélèvements », de « bons échanges », de « rétrocommissions » ou « d'abonnements » se sont ancrées. Elles ont été favorisées par la mondialisation des marchés financiers et la multiplication des paradis bancaires, qui sont allés de pair avec la libéralisation de la finance, comme les deux faces d'un même mouvement[3]. Le marché global a permis l'apparition d'une corruption globale.

La grande corruption est extrêmement concentrée, bien plus encore que les revenus licites des dirigeants d'entreprises cotées en Bourse, qui n'ont pourtant pas eu à se plaindre de la globalisation... En fait, les inégalités de revenus sont accrues dans la face cachée du pouvoir. Le dossier Elf est une photographie précieuse. Certes,

1. *Cf.*, par exemple, le rapport 2002 de Transparency International, qui énumère ces secteurs comme étant soumis à une corruption généralisée lors des contrats d'exportation.
2. Classement *Fortune* 2002.
3. *Cf.* l'étude de Ronan Palan, *Tax Havens and the Commercialization of State Sovereignty in International Organization*, n° 56, hiver 2002, pp. 153-177.

les trafics ont largement profité aux étages élevés de la hiérarchie car le silence des cadres dirigeants avait un coût. Pour ne pas alourdir davantage la procédure, nous avions fixé un seuil au déclenchement des poursuites : elles débutaient à un million de francs (150 000 euros). Plusieurs dizaines de personnes se sont ainsi retrouvées à l'abri des poursuites parce que leur butin illégal — qui les aurait conduites, dans d'autres circonstances, devant n'importe quel tribunal — était comparable, à l'échelle d'Elf, au vol d'un œuf...

Mais la pyramide des bénéficiaires est particulièrement pointue : les trois principaux dirigeants ont amassé les trois quarts des détournements présumés. Deux milliards et demi de francs de flux suspects, dont deux milliards répartis entre trois personnes. Les chiffres parlent d'eux-mêmes. De manière symétrique, le reste des commissions constatées, versées à des chefs d'État étrangers (et qui ne sont pas visés pour cause d'immunité diplomatique), se ventile entre moins d'une dizaine de têtes. Si nous extrapolons le cas d'Elf aux autres secteurs sensibles, le constat s'impose : à l'échelle d'un pays comme la France, la grande corruption ne concerne pas plus de cent nationaux et deux à trois cents personnalités étrangères.

Mes interlocuteurs internationaux me confirment cette concentration des détournements. Un dirigeant de la Banque asiatique de développement m'a raconté comment, pour faire face à un problème de trésorerie rencontré par l'État du

Kazakhstan, le président kazakh avait rapatrié en un tour de main pas moins d'un milliard de dollars depuis une fondation à l'étranger dont tout le monde ignorait jusqu'alors l'existence. De même, les fonds détournés par le président nigérian Abacha, soit quatre milliards de dollars, représentent huit fois le budget annuel de l'éducation dans son pays.

L'EXEMPLE DE L'ARMEMENT

Un autre secteur sensible nous permet un « coup de sonde » sommaire mais éclairant sur l'ampleur des sommes en jeu. On sait que le kilogramme d'armement est le produit le plus cher du monde : il allie la haute technologie, des matériaux ultrasophistiqués et une économie de la rareté. Avec Lagardère, Dassault, Thomson, ou Giat industrie, la France est l'un des premiers exportateurs mondiaux dans ce domaine.

Plusieurs témoins, lors de l'instruction Elf, ont raconté que les commissions allouées dans ce secteur atteignaient 20 % à 40 %. Loïk Le Floch-Prigent expliquait ouvertement dans son livre : « *Je sais, concernant les opérations d'armement, que les commissions sont de l'ordre de 25 % à hauteur du marché contre 2,5 % dans le pétrole*[1]. » Un rapport de la CIA sur les pays d'Europe de l'Est cite un chiffre

---

1. Loïk Le Floch-Prigent, *Affaire Elf, affaire d'État*, entretiens avec Éric Decouty, Le Cherche-Midi éditeur, 2001, p. 34

de 10 %[1]. Lors d'un marché concernant des véhicules blindés, passé en 1997 entre la France et l'Indonésie, un document officiel de Giat industrie, produit par la direction lors d'un contentieux aux prud'hommes avec l'un de ses salariés, fixe la commission à 32 %[2]. Ces chiffres nous donnent une fourchette de la corruption comprise entre 10 % et 40 % du contrat, selon la sensibilité du matériel et le pays qui se porte acquéreur.

Cet argent est officiellement versé à des intermédiaires ou à des autorités étrangères pour favoriser l'obtention d'un marché. L'enquête Elf a montré qu'une part non négligeable de ces commissions revenait ensuite dans l'orbite de la firme, soit sur les comptes bancaires des principaux cadres de l'entreprise, soit pour alimenter une « caisse noire » interne. Ces pratiques, dont me parlait déjà le PDG des Ciments français, ne sont sûrement pas bannies de ce secteur corrupteur entre tous qui peut, en outre, bénéficier du bouclier du secret défense.

Sur les années 1991-1999, les exportations d'armement annuelles — officielles — de la France se montent à 5,61 milliards d'euros (37 milliards de francs) par an[3]. Un taux moyen de 20 % de com-

1. Ces fourchettes sont communément admises. Selon Pierre Abramovici, *« les commissions en matière d'armement, qui, dans les pays développés, tournent autour de 5 % à 6 %, peuvent atteindre 20 % à 30 %, parfois 40 % » (art. cit.).*

2. *Le Canard enchaîné*, 26 mai 1999.

3. Selon la Direction générale à l'armement, qui dépend du ministère de la Défense.

mission aboutit à 1,12 milliard d'euros (7,4 milliards de francs) de fonds occultes dégagés chaque année. Un taux maximum de 40 % correspond à 2,24 milliards d'euros (14,7 milliards de francs) d'argent noir[1].

Ainsi, chaque année, rien que pour le secteur de l'armement, entre trois et sept affaires Elf disparaissent dans le triangle des Bermudes des paradis fiscaux.

UN ENJEU VITAL

Il n'y a aucune raison valable de penser que les gouvernements actuels des pays pétroliers ou miniers, ou que les états-majors des géants du BTP, de l'armement ou du pétrole soient miraculeusement préservés des dérives que l'instruction Elf a mises au jour. La grande corruption s'est déployée dans les centres névralgiques du pouvoir. Sur les seize premières sociétés françaises, onze d'entre elles interviennent dans un secteur sensible où la pratique de la grande corruption est

1. Si l'on cherche un indicateur plus précis, il suffit — toujours pour la même période — de se concentrer sur les quatre premiers clients de la France : Émirats arabes unis (63,5 milliards de francs), Arabie saoudite (53,2 milliards de francs), Syrie (12,7 milliards de francs), Pakistan (3,3 milliards de francs). En appliquant un taux de 30 %, conforme aux pratiques *a minima* dans ces quatre pays, on obtient un peu plus de 6 milliards d'euros (39,8 milliards de francs) sur neuf ans, soit 675 millions d'euros (4,42 milliards de francs) par an... uniquement avec quatre clients !

courante : Total, Vivendi environnement, Bouygues, Vinci, Airbus[1]... Mais cette réalité est rarement évoquée aussi directement. D'autant plus que la plupart des médias nationaux appartiennent à ces groupes, ce qui ne pousse ni à la curiosité ni au débat. TF1 est la propriété du groupe Bouygues, *Le Figaro* et *L'Express* sont contrôlés par le groupe Dassault, *Europe 1, Paris Match* et la majorité de l'édition appartiennent au groupe Lagardère.

Pourtant, s'attaquer à la grande corruption est un objectif essentiel. D'abord par pragmatisme : contrôler un petit groupe d'individus clairement identifiés est bien plus facile que de vouloir appréhender un circuit mafieux ou une économie souterraine. Mais, plus profondément, c'est l'impunité dont bénéficient les dirigeants politiques et industriels qui les conduit à protéger les boîtes noires de la mondialisation (places *offshore*, marchés financiers des produits dérivés, paradis bancaires, chambres internationales de compensation à l'abri des contrôles), lesquelles leur permettent de cacher et de placer le fruit de la corruption et profitent également aux trafiquants internationaux et à la criminalité organisée.

Le verrou est là.

---

1. Classement *L'Expansion* 2002.

Un capitalisme de compères

« *Madame, vous confondez millions et milliards.* »

La réplique est cinglante, l'œil méprisant et le sourire hautain. Nous sommes à Vienne, à l'occasion d'une négociation de la convention internationale sur la corruption, et mon interlocuteur ne cache pas la détestation que lui inspire tout propos sur la corruption. L'homme est un haut magistrat autrichien. Je viens d'évoquer devant lui le cas de l'ancien président nigérian Sani Abacha, qui, en utilisant des entreprises fantômes via de grandes banques américaines, suisses et anglaises, a détourné plus de quatre milliards de dollars, désormais gelés par la justice après sa chute[1].

Son incrédulité n'est pas feinte.

Il ne peut pas y croire.

Il a tort.

---

1. En septembre 2000, l'autorité de surveillance des banques suisses a mis en cause, notamment, le Crédit suisse et le Crédit agricole Indosuez, ainsi que la City de Londres d'où venait 59 % de l'argent déposé à Genève par les sociétés écrans du dictateur nigérian (cité par *Alternatives économiques*, octobre 2000).

Nous aussi, pendant l'instruction Elf, au fur et à mesure que les résultats des commissions rogatoires internationales en provenance de Suisse, du Liechtenstein ou du Luxembourg arrivaient sur notre bureau, retraçant le détail des flux financiers, nous avons dû passer des millions aux milliards... La réalité de la grande corruption dépasse notre entendement. Elle produit un effet de sidération. D'effroi aussi.

En dehors du montant total des sommes apparemment détournées sur trois ans, de 1989 à 1993 — soit plus de 300 millions d'euros —, nous avons également découvert le système dit « des abonnements » : une sorte de dîme occulte de 40 cents par baril, ce qui représente plus de 150 millions d'euros annuels versés à la nébuleuse des dirigeants de l'ouest africain. De tels montants avoisinent le bénéfice annuel, net d'impôt, d'une très grande société cotée en Bourse.

Après sa plongée dans les comptes fantômes d'Enron, un dirigeant de la Security Exchange Commission (SEC), l'autorité de contrôle de la Bourse américaine, confiait à quel point sa vision du monde avait changé : *« S'ils ont pu cacher cela de cette manière-là dans un si court laps de temps, pourquoi d'autres entreprises ne l'auraient-elles pas fait, elles aussi*[1] *? »*

Poser la question, c'est déjà y répondre.

Deux mondes antagonistes coexistent. D'un

---

1. *New York Times*, 10 février 2002.

côté, l'univers honorable, policé, ultracompétent, un rien condescendant des élites dirigeantes ; et de l'autre, le crime dans sa plus simple expression. C'est un tiroir à double fond[1].

AHURISSANTES COMPLICITÉS

Lorsqu'un régime autoritaire s'effondre et que l'immunité de ses dirigeants se dissipe, la grande corruption remonte au grand jour : entre 4 et 10 milliards de dollars pour le Congolais Mobutu Sese Seko ; 5 milliards de dollars pour le Philippin Ferdinand Marcos (dont 2 milliards de dollars récupérés par le gouvernement) ; jusqu'à 40 milliards de dollars pour l'Indonésien Suharto ; 5 à 10 milliards de dollars pour Saddam Hussein[2]... À chaque fois, nous voulons croire qu'il s'agit d'une folie individuelle.

1. Le rapport d'audit qui a décortiqué, à l'intention du parquet de Milan, les comptes de Fininvest, le holding de Silvio Berlusconi, montre bien cette ambivalence. Les auditeurs de KPMG ont en effet établi l'existence d'une « Fininvest B » constituée d'un réseau de soixante-quatre sociétés dont le siège social se trouve dans un paradis fiscal, aux îles Vierges britanniques, aux Bahamas, à Jersey, au Luxembourg... « *Elles ne doivent pas apparaître et doivent rester en dehors du bilan consolidé, afin que le lien avec le groupe Fininvest reste secret* », a expliqué l'avocat David Mills, responsable de la société financière chargée de la gestion de ces sociétés.

2. Selon la journaliste américaine Lucy Komisar, « *les Américains traquent les sommes colossales, estimées à plusieurs milliards de dollars, prélevées pour son profit personnel par Saddam Hussein. L'écheveau des filières entortillées, constituées par de multiples compagnies écrans et par des comptes en banque secrets, patiemment construit au fil des ans par d'éminents spécialistes en Suisse, au Liechtenstein et au Panama, est en passe d'être démêlé* » (in *La lettre du blanchiment*, mai 2003).

Mais ces chiffres sont cohérents avec le cumul des détournements présumés à la tête d'Elf. Ils concordent avec les études officielles du FMI sur l'Angola, qui révèlent un écart d'un milliard de dollars par an simplement en rapprochant les versements à l'État, déclarés par les compagnies pétrolières, et les comptes publics angolais[1]. Ce chiffre est une estimation *a minima* des détournements. Les cas du Nigérian Abacha ou du Péruvien Fujimori, tout comme les aveux faits par les anciens dirigeants d'Elf devant le tribunal correctionnel, tout cela donne également une échelle des fortunes générées chaque jour par la grande corruption.

Cet argent n'est pas caché dans je ne sais quel établissement douteux de Nauru ou de Beyrouth. Cela fait longtemps que la grande corruption n'est plus une affaire d'officines et de mallettes de billets, tels ces « quartiers clandestins » japonais (*ankoku jidai*) où politiciens, mafieux, financiers et haut fonctionnaires scellaient leurs accords. Elle se déroule à ciel ouvert, dans les établissements financiers les plus respectables. Elle prospère à la City de Londres ou à Zurich. Les profits à en tirer sont alléchants : selon une commission d'enquête du Sénat américain, le rendement des comptes des bénéficiaires de la grande corruption atteindrait 25 % en moyenne, avec des pointes à 40 %.

1. Cité par *The Economist*, 26 octobre 2002.

« *En échange de ces gains, les banques offrent à leurs clients la garantie du secret, et une vaste gamme de services pour gérer leur fortune incluant souvent des accords secrets, des comptes à l'étranger, des comptes sous un nom d'emprunt et des entreprises fantômes. Les banques américaines retirent des fortunes en aidant leurs clients douteux à faire à l'étranger ce qui est interdit sur le territoire des États-Unis. C'est un jeu dangereux. Nos banques ne doivent pas se transformer en systèmes de transfert et de détournement des millions sales provenant du crime et de la corruption* », analyse Carl Levin, le président de la commission du Sénat des États-Unis[1].

Ce mécanisme n'est pas une exception mais une règle. Il s'applique aussi bien à la grande corruption française, américaine ou espagnole qu'à celle de l'Angola ou du Mexique. Depuis les pétrodollars des années 1970, les financiers ont pris l'habitude, lorsque cela les arrange, de vivre au-dessus des lois : ils n'obéissent qu'à leur propre logique. Le système bancaire s'est mis au service des dirigeants d'Elf et de ceux d'Enron sans le moindre état d'âme : mêmes circuits, mêmes places *offshore*, mêmes banques. Une culture de la prédation a acquis ses lettres de noblesse.

Le danger est double. D'une part, « *la complaisance* » avec les circuits de la grande corruption « *provoque un sentiment de vide politique, intellectuel et*

---

1. Conclusion de la session « Banques privées et blanchiment d'argent » de la sous-commission permanente chargée des investigations du Sénat, 9 novembre 1999.

moral », explique le *juez estrella* (juge star) espagnol Baltasar Garzón[1]. Elle entretient l'image d'un *« crony capitalism »* (un capitalisme de compères) à l'image du capitalisme sud-coréen : un club fermé de dirigeants où la connivence remplace trop souvent la loi et où l'entente occulte supplante la concurrence, commissions à l'appui.

La France connaît également ces cercles amicaux entre dirigeants de la même caste, où chacun se sert à discrétion. Lors d'une enquête financière, au début des années 1990, j'ai découvert que plusieurs prêts non remboursés — pour un milliard de francs — avaient été passés en provisions par la direction d'une grande banque comme s'il s'agissait d'une perte accidentelle et vénielle. Le commissaire aux comptes n'avait pas rédigé de rapport. Et l'affaire était passée comme une lettre à la poste. Pourtant, l'ardoise magique avait bénéficié à un membre de la famille du président de la banque !

La grande corruption ressemble à ces fissures dans un mur qui fragilisent l'édifice. C'est une fêlure qui s'agrandit dans l'ombre. Elle mine le sentiment d'appartenance qui nous relie les uns aux autres. Une démocratie est un corps vivant : l'émulation et l'imitation sont des comportements naturels. Superposer au contrat social un système de clientèle est une lourde responsabilité. Cette mentalité se répand de manière concentrique.

1. Conférence à Porto Alegre, 2 février 2002.

Un jour, demain peut-être, nous nous réveillerons avec le sentiment diffus d'avoir laissé se détruire notre maison commune.

Cette connivence entre initiés, qui se joue des nationalités, s'étend bien sûr aux affaires publiques. Les solidarités politiques et financières ont été modifiées par la mondialisation. Ainsi, depuis dix ans, les candidats à l'élection présidentielle américaine bénéficient de contributions venues du monde entier, avec leur lot de soutiens sulfureux. « *Les sociétés étrangères éprouvent un intérêt croissant pour le système politique américain. [...] Tout cela brouille le clivage entre politique intérieure et commerce extérieur. Les électeurs du président américain sont maintenant globaux*[1]. »

L'enquête Elf a montré une interconnexion régulière entre les comptes occultes des dirigeants de l'entreprise pétrolière et les comptes des chefs de guerre rivaux en Angola ou au Congo-Brazzaville. La caisse noire présumée servait indistinctement aux uns et aux autres. L'instruction de l'Angolagate semble marcher sur les mêmes brisées, révélant des relations étonnamment étroites

---

1. Roger Cohen, « Global Forces Batter Politics », *The New York Times*, 17 novembre 1996. Voir aussi les enquêtes édifiantes publiées sur le site Internet du Center for Public Integrity, notamment le dossier réalisé en 2002 par Diane Renzulli : « Capitol Offenders : how private interests govern our states » (www.icpi.org). Rappelons également que Pierre Falcone, mis en examen dans l'Angolagate, avait effectué un don de 100 000 dollars au profit de la campagne électorale de George W. Bush, soit la même contribution que Kenneth Lay, le PDG d'Enron.

entre personnalités françaises, financiers russes et despotes africains.

Toujours dans les années 1990, au cours d'une perquisition, j'avais trouvé un contrat en bonne et due forme dans le coffre d'une haute personnalité française. Celle-ci effectuait une activité de « conseil » — sans autre précision — pour le compte d'un chef d'État étranger. Et percevait une rémunération annuelle de 3 millions de francs de l'époque (environ 457 000 euros).

J'ai levé les yeux. Le bénéficiaire de ce contrat me regardait, le teint soudain blême. Ce document ne concernait qu'indirectement mes investigations, aussi ai-je hésité à le saisir. J'ai finalement reposé le contrat dans son écrin d'acier. J'ai senti à mes côtés, imperceptible, un souffle de soulagement, le temps d'un soupir et d'un battement de cils. Notre hôte avait senti souffler le vent du boulet : la rémunération représentait plus de trois fois son salaire brut, déjà conséquent.

Depuis ce jour-là, je sais que les grands électeurs de nos élites ne sont pas toujours ceux que l'on croit.

DU CRIME D'ARGENT
AU CRIME TOUT COURT

Outre son coût politique dans les pays occidentaux, la grande corruption met en coupe réglée les pays les plus pauvres. Le graphique ci-contre résume à lui seul la situation. Il montre, en dollars constants de 1987, l'effondrement du PNB par habitant de l'Angola alors que les revenus pétroliers de ce pays ont explosé[1].

La différence est allée enrichir une poignée de potentats angolais et quelques dizaines de grands

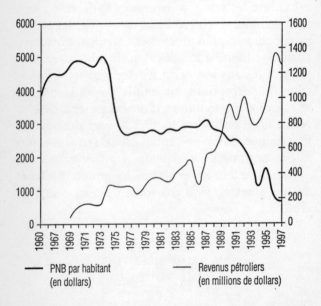

Exportations pétrolières et PNB par habitant de l'Angola
sur la période 1960-1997

— PNB par habitant
(en dollars)

— Revenus pétroliers
(en millions de dollars)

1. *Cf.* Tony Hodges, « Angola from afro-stalinism to petrol-diamond capitalism », Fridtjof Nansen Institute & The International African Institute, 2001. Le graphique est réalisé d'après les données de la Banque mondiale.

patrons occidentaux. Rien qu'à Paris, « *l'ardoise de l'Angola était, en novembre 1999, de 7,4 milliards de francs, avec 2,5 milliards d'arriérés dont 2,2 milliards couverts par la garantie publique à l'exportation, c'est-à-dire le contribuable français* »[1]. Rédigeant un rapport d'étape, le chef de la brigade financière évoquait « *les profits colossaux — au moins un milliard de francs en l'état actuel des investigations — générés par les ventes d'armes à l'Angola* »[2]. Et dans une ordonnance récente, à propos de la renégociation de la dette angolaise, le juge suisse Daniel Devaux soulignait l'existence de flux suspects « *dans le cadre d'une organisation secrète œuvrant entre Genève, Moscou et Luanda, et poursuivant le but de se procurer des revenus illicites par les moyens criminels tels que la corruption et la gestion déloyale des intérêts publics* »[3]. Résultat : « *Bien que l'Angola soit potentiellement l'un des pays les plus riches d'Afrique (sous-sol minier et pétrole), sur 11 millions d'habitants, moins de cinquante mille vivent selon les standards occidentaux* », constatent les rapporteurs de la mission parlementaire française Pétrole et

1. François-Xavier Verschave, *Noir Silence. Qui arrêtera la Françafrique ?*, Les Arènes, 2000, p. 364. Voir aussi le rapport de l'ONG Global Witness, « Tous les hommes du président », qui cite notamment un compte bancaire d'1,1 milliard de dollars aux îles Vierges britanniques au bénéfice des militaires angolais. Le rapport est disponible sur le site www.globalwitness.org.

2. Rapport du 9 avril 2002 (cité par *Le Monde*, 23 avril 2003). L'enquête sur les ventes d'armes de la société Brenco à l'Angola n'étant pas achevée, ces chiffres ne sont qu'indicatifs. Ils peuvent être infirmés, confirmés ou augmentés avant la clôture de l'instruction.

3. Cité par *Le Monde*, 24 mai 2002.

Éthique[1]. D'après Global Witness, un enfant angolais meurt toutes les trois minutes de malnutrition ou d'une maladie que l'on pourrait soigner.

Aucune leçon n'a été tirée de l'enquête Elf, pas plus en France qu'à l'étranger. Le préfinancement du pétrole par les grandes banques continue comme si rien ne s'était passé[2]. Les abonnements, les commissions et les rétrocommissions circulent encore. Les chefs d'État pétroliers et leurs « dealers » occidentaux alimentent leurs comptes personnels au Luxembourg ou dans les îles Caïmans.

Pourtant, en dégageant plusieurs milliards de francs de caisse noire, les satrapes africains et les dirigeants d'Elf ont fait bien plus que détourner de l'argent : ils ont créé du malheur. « *Où a-t-on vu que le pétrole ait jamais été, en Afrique noire, une source de progrès et de bien-être ? Ce qui est arrivé à chaque fois, c'est très exactement le contraire : chez nous, qui dit pétrole dit malédiction des populations, dictature, violences, guerres civiles... Au Gabon, ce ne sont que chaussées défoncées, mouroirs tenant lieu d'hôpitaux, écoles ressemblant à des chenils... Où va l'argent du pétrole gabonais ?* », se désolait avec rage l'écrivain camerounais Mongo Beti[3].

---

1. « Pétrole et éthique : une conciliation possible ? », 1999, tome I, p. 149.
2. En ce qui concerne la France, des opérations de préfinancement auraient été montées récemment au Congo-Brazzaville et en Angola, notamment par le Crédit agricole et Paribas (*cf.* « Un milliard de dollars de prêts gagés en quelques mois », *La Lettre du continent*, 31 mars 1999).
3. *L'Autre Afrique*, 1er avril 1998.

Cette colère trouve un écho particulier en Norvège : plus qu'aucun autre, mon pays natal sait ce qu'un peuple peut construire avec des ressources minières. Avant les premiers forages en haute mer des années 1960, nos parents avaient une vie infiniment plus dure dans le Grand Nord. L'abandon dans lequel se trouve le Gabon est à mesurer à cette aune. Si, depuis quarante ans, Libreville avait connu un régime transparent et véritablement démocratique, ce pays serait le modèle de l'Afrique.

Le scandale est sous nos yeux. Malgré un revenu par tête digne d'un pays européen, cumulant les ressources d'un émirat africain et une généreuse « aide au développement » de la part de la France[1], le Gabon est l'un des pays d'Afrique où la mortalité infantile atteint des records[2]. Son voisin, le Congo-Brazzaville, dirigé par le gendre d'Omar Bongo, Denis Sassou Nguesso, a été ravagé par plusieurs guerres civiles ; pour plus de sûreté, les deux camps étaient financés par Elf. En 1995, Jacques Chirac a transformé les créances françaises sur ce pays (soit 8,4 milliards de francs) en aide au développement — toujours financée par les contribuables français, décidément bien conci-

---

1. Sans compter des annulations régulières par Paris de la dette gabonaise, la dernière en date (portant sur 400 millions de francs) ayant été décidée par Jacques Chirac en 1996.

2. *« L'espérance de vie n'est que de 52 ans, seulement 38 % des enfants sont vaccinés contre la rougeole — contre une moyenne de 79 % dans les pays en voie de développement »*, François-Xavier Verschave (d'après le rapport du PNUD pour l'année 1999), *op. cit.*, p. 194.

liants. En parallèle, le lobbying de Paris a permis une annulation de 67 % de la dette globale du pays par les instances internationales... Faut-il préciser que, dans le même temps, la fortune du président Sassou Nguesso a explosé ?[1]

Pourtant, la corruption n'est pas une fatalité. Il y a trente ans, la Sierra Leone et le Botswana, deux pays africains producteurs de diamants, avaient le même produit intérieur brut. Aujourd'hui, le premier se contente de 140 dollars par habitant tandis que le second distribue 3 630 dollars. On ne saurait mieux dire.

SANS GARDE-FOUS NI REPÈRES.

Au regard de l'Histoire, notre génération portera la responsabilité d'avoir laissé se développer dans le sillage de la mondialisation des germes mortifères pour la démocratie. La banalisation de la corruption est en effet l'envers d'une société marchande où l'argent tend à devenir le seul critère de considération et l'unique horizon des individus.

En donnant une prime à la spéculation financière, la mondialisation a déplacé le curseur de nos références. Clé de voûte de ce nouveau système de valeur, les salaires des dirigeants des grandes entreprises se sont envolés de manière exponentielle. Nos chefs d'entreprise se sont attri-

---

1. Elle a été évaluée à 1,2 milliard de francs avant son retour au pouvoir (*L'Événement*, 22 mai 1997).

bué une fraction déraisonnable de la valeur ajoutée dégagée par les sociétés qu'ils dirigent. Nous avons consenti à ce dérapage, par une sorte d'anesthésie collective. Ainsi, l'attribution à Claude Bébéar, le PDG français de l'assureur AXA, en dix ans, de 1,6 milliard de francs de stock-options[1] n'a pas soulevé la moindre protestation. L'assemblée générale d'AXA a ainsi permis à son PDG d'accumuler au grand jour, et de manière tout à fait légale, ce que les dirigeants d'Elf ont tenté d'accaparer de manière occulte.

Bien sûr, l'atteinte au contrat social n'est pas de même nature mais les deux comportements se renforcent l'un l'autre : ils s'autolégitiment. Cette critique a longtemps été taboue mais je l'assume avec force. Vingt ans durant, alors que la grande corruption explosait, les conseils d'administration des sociétés cotées — en une symétrie évidente — se sont lancés dans une surenchère de jetons de présence, stock-options, salaires, indemnités de toutes natures... Une dérive sinon criminelle, du moins criminogène. Les plus-values réalisées sur les stock-options peuvent atteindre jusqu'à trente fois le montant de leur salaire. Il existe même des assurances contre la baisse des cours ! Il y a trente ans, le facteur multiplicatif entre le salaire moyen d'une entreprise et le salaire le plus élevé était de vingt. Aujourd'hui, il avoisine les deux cents[2].

---

1. *Les Échos*, 28 janvier 2000.
2. *Cf.* Thomas Piketty et Emmanuel Saez, *Quarterly Journal of Economics*, 2003.

La dépression boursière n'a pas freiné les ardeurs. Le PDG du suédois ABB a bénéficié d'une garantie de retraite de 233 millions d'euros, alors qu'il savait que son entreprise était dans le rouge vif. En 2001, le PDG du géant informatique Oracle, Lawrence Ellison, a renoncé de manière spectaculaire à son salaire de base, ce qui ne l'a pas empêché de réaliser la même année une plus-value de 706,1 millions de dollars au titre de ses stock-options[1]. Le PDG d'Alcatel, Serge Tchuruk, qui dirige une entreprise en difficulté affichant des pertes et ayant procédé au licenciement de dizaines de milliers de salariés, a reçu 900 000 stock-options en 2001, puis 500 000 en 2002[2].

Ces comportements sont moralement répréhensibles et juridiquement contestables. Selon la jurisprudence française, en effet, une rémunération excessive peut donner lieu à des poursuites pour abus de biens sociaux. Mais cette application stricte de la loi menace plus les boulangers en difficulté que les PDG de sociétés cotées[3].

---

1. *The Wall Street Journal*, 18 mai 2002.
2. *Cf.* « Patrons : pendant la crise, les salaires grimpent », *Libération*, 21 mai 2003.
3. Le 15 octobre 1998, la chambre criminelle de la Cour de cassation a jugé que l'octroi de nouveaux salaires et avantages en nature, pour un montant de 4 500 euros mensuels, aux dirigeants d'une société en perte de 102 000 euros était constitutif du délit d'abus de biens sociaux, *« parce qu'ils n'ignoraient pas le très grave état financier de la société »*. Voir aussi Cass. Crim. 2 octobre 1997, n° 92-85.066 *in* Eva Joly et Caroline Joly-Baumgartner, *L'Abus de biens sociaux à l'épreuve de la pratique*, Economica, 2002.

Plus qu'un moyen ou un levier, le pouvoir est trop souvent devenu un filon ou un butin. Les fusions des années 1990 ont dégagé des profits inégalés pour les dirigeants de société et les banques d'affaires. Le fossé ne cesse de se creuser entre les 10 % les plus riches et le reste de la population, d'abord aux États-Unis, bien sûr, mais aussi en Europe et en Asie[1]. Même en Norvège, les barrières morales ont sauté avec une facilité déconcertante, et certaines fortunes champignons laissent rêveur.

J'ai assez vécu pour ne pas me faire trop d'illusions. Placés dans la même situation, lancés sur cette orbite-là du pouvoir, la plupart d'entre nous trouveraient mille raisons de s'arroger une rémunération à la hauteur de leurs mérites (c'est-à-dire sans limites). Au lieu de conquérir sa légitimité tous les matins dans les yeux des autres, il est plus facile de s'inventer son propre système de valeurs. Notre instinct de toute-puissance n'a pas de bornes. Lorsque les élites se soustraient au contrôle social, elles s'auto-intoxiquent entre égaux. Initiés aux mêmes circuits, elles succombent à la même ivresse.

1. « *En 1999, le* New York Times *établissait que, au sein de la frange la mieux nantie de la population (20 % des foyers), la répartition de la croissance du revenu national s'était effectuée d'une manière profondément inégalitaire : 1 % des foyers avaient capté 90 % des gains.* » Kevin Phillips, *Wealth and Democracy, a Political History of the American Rich*, Broadway Books, 2002 (passage traduit par Yves Mamou, « *Big Money* », *Le Monde*, 3 décembre 2002).

C'est humain.

La grande corruption se nourrit de ce que les Italiens appellent le « *circolo vizioso dell'arroganza* » (le cercle vicieux de l'arrogance). Elle est semblable à l'enfer : il est facile d'y entrer et presque impossible d'en sortir. L'impunité lui permet de prospérer sans souci. L'engrenage est implacable. Dès que les premières digues ont cédé, la grande corruption entraîne ses bénéficiaires vers une accumulation déraisonnable. « *Tout cède à ses ravages ; rien n'y peut mettre obstacle. La fortune montre son pouvoir là où aucune résistance n'a été préparée, et porte ses fureurs là où elle sait qu'il n'y a point d'obstacle disposé pour l'arrêter* », notait déjà Machiavel[1].

Or les raisons structurelles qui ont permis les montages d'Enron ou les détournements d'Elf sont toujours là, notamment les places *offshore* et les produits dérivés, ces marchés spéculatifs où chaque opération se dissout dans dix autres. Tout se passe comme si, dans le grand tourbillon de la globalisation, la démocratie avait perdu ses repères et ses garde-fous.

Il faut comprendre pourquoi.

1. *Le Prince*, chapitre XXV.

Une étrange justice

« *Les grandes erreurs politiques viennent presque toujours du fait que les hommes oublient que la réalité bouge et qu'elle est en mouvement continuel. Sur dix erreurs politiques, il y en a neuf qui consistent simplement à croire encore vrai ce qui a cessé d'être* », expliquait Bergson. Ce précepte semble avoir été écrit pour les démocraties occidentales. Face à la déréglementation des marchés financiers, elles ont préféré appliquer la devise du prince Salina dans *Le Guépard*, de Tomasi di Lampedusa : « *Que tout change pour que rien ne change...* » Elles ont cru qu'en maintenant les apparences, elles pourraient sauver l'essentiel.

Or les échanges financiers échappent de plus en plus à l'orbite des nations. Alors qu'ils étaient encore marginaux au lendemain de la Seconde Guerre mondiale, l'importance des paradis fiscaux n'a cessé de croître. Dès les années 1960, le nombre des filiales *offshore* des banques américaines est multiplié par dix. En 1998, après vingt ans de dérégulation financière, plus d'un quart des investissements américains à l'étranger passent par les paradis fiscaux[1].

Selon la dernière étude en date, le montant total des actifs détenus dans les paradis fiscaux atteint désormais le PIB des États-Unis[2]. Sur le papier (car cette puissance est purement virtuelle), la première économie du monde est mise en relation avec l'activité d'une soixantaine de territoires de poche !

On ne peut plus voir le monde comme il y a vingt ans, parce que ce n'est plus le même.

Ces chiffres représentent une vérité juridique et un tour de passe-passe économique. Les paradis fiscaux sont de simples boîtes aux lettres. La révolution technologique permet aujourd'hui, en quelques clics de souris, via des réseaux satellites, de faire valser plusieurs fois par jour des sommes illimitées d'un compte numéroté en Suisse à un anstalt au Liechtenstein, d'une banque correspondante domiciliée dans un paradis fiscal à la salle des marchés d'un établissement vénérable de la City de Londres.

Cette révolution dans les habitudes du commerce mondial s'est effectuée sous nos yeux.

---

1. *Cf.* James R. Hines et Eric M. Rice, « Fiscal Paradise : Foreign Tax Havens and American Business », *Quarterly Journal of Economics*, n° 109.

2. *Cf.* rapport parlementaire français sur les paradis fiscaux, citant Merril Lynch, qui estime à 54 % la part que les actifs placés dans les centres *offshore* représentent dans les actifs internationaux.

L'édifice politique et juridique des démocraties occidentales en a été imperceptiblement modifié. Pour l'essentiel, les contentieux juridiques en matière pénale relèvent de la compétence exclusive des États. Or, depuis la fin du XVIII siècle, les démocraties modernes se sont justement construites sur le principe de la souveraineté, c'est-à-dire l'inverse de la dérégulation financière ! Même Ubu roi, personnage d'Alfred Jarry, respectait l'ordre des réformes : « *Dépêchez-vous plus vite, je veux faire des lois maintenant. Je vais d'abord réformer la justice, après nous procéderons aux finances.* » La globalisation a transformé la finance, sans adapter la justice.

Pourquoi sommes-nous restés passifs face à cette faille profonde du système démocratique ? Parce que la globalisation financière a vidé d'une grande partie de leur substance des notions que nous avions mis deux siècles à bâtir et que nous ne savons pas encore par quoi remplacer. En somme, nous avons détruit sans reconstruire : par défaut, nous laissons en place les anciens vestiges, de peur d'être pris de vertige.

L'EXTINCTION DES LUMIÈRES

Poser la question de la grande corruption, c'est soulever, en creux, la redoutable question de la souveraineté. Voltaire critiquait la France de l'Ancien Régime dans laquelle, à chaque fois qu'il changeait de cheval, le voyageur changeait de loi. L'enchevêtrement des juridictions était tel (royales, seigneuriales, ecclésiastiques, tribunaux des prévôtés, bailliages et sénéchaussées, etc.) que les jugements pouvaient être rendus cinq ou six fois de suite, durer une vie entière, voire être transmis par héritage. La démocratie a besoin de frontières et de protections contre les abus de pouvoir. La plupart des lecteurs de ce livre sont nés à l'intérieur de limites territoriales et juridiques claires, dans un pays où la loi s'appliquait à chaque citoyen de la même manière, sans considération de titre ou de fortune.

C'est l'héritage des lumières.

Le droit de la souveraineté a été une grande conquête démocratique. Les océans ont été un terrain de friction jusqu'à l'adoption du principe des « eaux territoriales » de 12 000 miles ; puis, avec les montgolfières et les premiers avions, les frontières ont été étendues vers le ciel — par ce qu'on appelle la « ligne von Karman » de 50 550 miles ; enfin, elles ont été prolongées en sous-sol jusqu'au centre de la terre. L'espace physique est ainsi devenu un espace juridique et politique rigide à plusieurs dimensions, qu'on a pu appeler une « cage nationale ». Chaque cage est juxtaposée à ses semblables, de plus en plus nombreuses, au gré de la prolifération des nations — dont le nombre n'a cessé de croître depuis un siècle et demi.

Bien sûr, le triomphe des États nations a comporté une part en trompe-l'œil. Dès les années 1880, une contradiction est apparue entre la poussée du commerce international, qui induisait une circulation fluide des biens et des capitaux, et la souveraineté accrue des États, qui augmentaient les impôts et développaient les infrastructures publiques (éducation, santé, transports).

À quelle législation un armateur britannique installé en Espagne devait-il obéir ? Quel État était en droit de percevoir les taxes sur les bénéfices des filiales à cheval sur plusieurs frontières ? La jurisprudence a longtemps tâtonné. Et pour cause : « *Les entreprises multinationales n'existent pas en droit*, explique Ronan Palan. *Regardée avec rigueur, la multinationale n'est pas une entité juridique mais plutôt un groupe d'entreprises réparties dans le monde*[1]. » Le cas du transport maritime, notamment, était un véritable casse-tête.

À cette équation insoluble, qui voyait les souverainetés s'entrechoquer, les paradis fiscaux ont apporté une réponse pragmatique à défaut d'être équitable.

Bien sûr, des banquiers et des hommes de loi se sont aussitôt engouffrés pour tirer un avantage fiscal des confits de souveraineté[2]. Dans l'entre-deux-guerres, grâce à des hommes de paille, les Suisses ont offert la possibilité de créer des entreprises protégées par le droit (et la fiscalité) suisse

---

1. *Art. cit.*
2. Notamment à la suite d'un arrêt de la chambre des Lords britannique, en 1929, qui reconnaît la compétence fiscale de l'Égypte sur une société installée à Londres mais dont les dividendes remontaient au Caire (cité par Sol Piccioto, *International Business Taxation*, Weidenfeld and Nicolson, Londres).

alors que leurs actifs se trouvaient à l'étranger. Ce qui aurait dû rester une soupape, une zone tampon du capitalisme, s'est révélé une aubaine pour les trafiquants. Les avocats et financiers du parrain mafieux Meir Lansky ont ainsi joué un rôle déterminant dans le verrouillage juridique des plus célèbres paradis fiscaux des Caraïbes.

Atout capital de ce système parallèle, le secret bancaire a été placé sous protection pénale. Il était pratiqué par les banquiers genevois depuis la Révolution française, mais son renforcement a été rendu nécessaire pour verrouiller juridiquement les circuits d'évasion fiscale. En 1932, en effet, un député français lâche à la tribune de l'Assemblée nationale le nom de quelques-uns des deux mille fraudeurs, selon une liste saisie par la police. Ces Français ont placé leur argent à la Banque commerciale de Bâle pour échapper à l'impôt. « *Il y avait trois sénateurs, une douzaine de généraux, des magistrats, deux évêques, des directeurs de journaux et des grands patrons de l'industrie. [...] Aussitôt, de nombreux clients étrangers s'affolèrent. La banque commerciale de Bâle dut rembourser de grosses sommes. La banque d'escompte de Genève n'y survécut pas. [...] Le gouvernement suisse instaura alors, en 1934, une nouvelle loi qui plaça le secret bancaire sous la protection du droit pénal, innovation que d'autres territoires comme Beyrouth, Tanger, les Bahamas, le Liechtenstein et Montevideo copièrent*[1]. »

---

1. *Cf.* Christian Chavagneux, « Secret bancaire : une légende helvétique », *Alternatives économiques*, n° 188, janvier 2001.

Ainsi l'Histoire met à mal deux idées reçues qui circulent encore largement. D'une part, la naissance des paradis fiscaux n'a rien à voir avec une pression fiscale excessive. Ils sont apparus près d'un siècle avant la globalisation financière, à une époque où la fiscalité était modérée : ils furent d'abord une manière de résoudre la querelle de la souveraineté. La deuxième idée reçue accompagne la protection pénale du secret bancaire, souvent présentée, notamment en Suisse ou au Luxembourg, comme une liberté fondamentale, un attribut des droits de l'homme, alors qu'il fut avant tout une manière de protéger plus efficacement l'argent de la fraude[1].

UN BONHEUR INDIGNE

Jusqu'en 1970, tant que les paradis fiscaux ne concernaient qu'une partie marginale des capitaux, notamment les fortunes privées, et que les pavillons de complaisance facilitaient certaines activités de fret, la cohérence de notre système juridique a été préservée. L'existence de ces « échangeurs juridiques » ne troublait pas l'équi-

---

1. « *La levée du secret bancaire constitue une atteinte aux droits de l'homme* », déclare, par exemple, Lucien Thiel, le président de l'Association des banques et banquiers luxembourgeois, reprenant une antienne mille fois entendue (cité par *L'Expansion*, 28 mai 1998).

libre général. Tout au long de la guerre froide, ils permirent même de cacher bien des secrets et des opérations occultes (financements de guérilla, trafics d'armes, etc.)

La rupture a eu lieu avec la grande vague de dérégulation financière qui, en cinq ans, de 1979 à 1984, a emporté toutes les digues nationales à la circulation des capitaux. Alors que les principes de transparence et de globalisation des marchés étaient mis à l'honneur, que l'information financière explosait en volume et en technicité, le principe de la souveraineté et de l'opacité a été délibérément renforcé dans les paradis fiscaux, à rebours de l'ordre du monde. À Antigua, par exemple, les pouvoirs publics n'ont jamais procédé à aucun recensement précis du nombre d'entreprises inscrites au registre du commerce[1].

Il ne s'agit pas d'un phénomène naturel, indépendant de notre volonté. La quasi-totalité de ces territoires sont d'anciens comptoirs des colonies britanniques, françaises, espagnoles ou néerlandaises. Ils se sont développés en notre sein. Ils ne sont que des succursales des places boursières de Londres, New York, Tokyo, Francfort ou Paris, là où bat le cœur de la finance. Le double jeu n'est pas innocent. Comme si une certaine opacité était nécessaire pour garantir des marges que la transparence érode.

---

1. *Cf.* Richard H. Blum, *Offshore Haven Banks, Trusts and Companies : The Business of Crime in the Euromarket*, Praeger, New York, 1984.

Il y a quelques années, le procureur du comté de New York, Robert Morgenthau, a dénoncé cette hypocrisie à propos des îles Caïmans, l'un des dix premiers centres financiers de la planète : « *L'opacité est le maître mot. En matière de réglementation, la place remporte la palme du laxisme. Pourtant les îles Caïmans appartiennent à la couronne britannique. Leur gouverneur, comme leur ministre de la Justice, est nommé par Londres. Le Royaume-Uni a donc le pouvoir de mettre un terme au laisser-faire dans sa colonie, mais il n'en fait rien. De même, du point de vue financier, l'archipel est une dépendance américaine — la plupart des banques* offshore *des îles Caïmans sont en fait gérées depuis Wall Street. Washington aussi peut mettre fin aux combines* offshore. *Mais personne ne bouge*[1]. »

C'est un détournement du droit, un abus politique, dont les générations à venir devront payer le prix.

Car qu'est-ce qu'une nation, sinon un contrat social, une communauté de citoyens qui décident de vivre ensemble ? Les rares citoyens des paradis fiscaux de l'île de Man, de la principauté de Monaco ou des îles Caïmans ne sont pas liés par un contrat social : contre quelques miettes du festin, ils constituent la *terra incognita* des marchés mondiaux, à l'abri derrière une fiction juridique. La déclaration d'Indépendance des États-Unis,

1. *The New York Times*, 10 octobre 1998

le 4 juillet 1776, se donnait comme horizon « la poursuite du bonheur »... Ces territoires construisent, avec l'argent d'autrui, un bonheur indigne au profit d'une poignée de dirigeants locaux.

LA LOI SE JOUE DE LA LOI

Laisser dans le cadre des États nations le contentieux pénal en matière de grande délinquance économique est périlleux, à l'âge des échanges mondiaux. Avec la prolifération des paradis fiscaux, l'absurde a pris le pouvoir.

D'abord, parce que l'inégalité fiscale est aujourd'hui la règle universelle, au mépris du principe de l'égalité devant la loi. Les plus grandes entreprises échappent, *de facto*, à la loi commune. Dès lors que votre activité est internationale, jouer des failles du système en se protégeant de l'impôt est devenu un jeu d'enfant. On sait aujourd'hui que le département fiscal d'Enron a ainsi monté onze « systèmes de réduction fiscale » entre 1995 et 2001. Ces montages financiers et juridiques portaient comme noms de code ceux de cyclones commençant par un *t* (comme *tax*) — Thomas, Teresa, Tammy... —, ou encore des terrains de golf favoris du directeur des questions fiscales — Apache, Renegade, Cochise... Tous les coups étaient permis : remonter des dividendes faiblement imposés en plaçant les sources de profit *off-shore*, comptabiliser des réductions d'impôt comme des bénéfices après impôts, etc. Ces tricheries auraient représenté plus d'un milliard de dollars en six ans[1].

Une étude menée en octobre 2000 par l'ONG Citizen for Justice sur deux cent cinquante des plus grandes sociétés mondiales montre que, grâce à l'utilisation de filiales dans les paradis fiscaux, 10 % d'entre elle ne payent pas un dollar d'impôt[2].

Mais il y a pire : la grande évasion fiscale a constitué un appel d'air pour les placements criminels *offshore* et la grande corruption. Toutes les enquêtes butent sur le verrou des paradis fiscaux. Pour ne prendre que le seul cas du Luxembourg, un des pays fondateurs de l'Union européenne, un rapport récent a mis en évidence les obstacles judiciaires : « *C'est une moyenne de deux mille cents commissions rogatoires étrangères qui affluent au Luxembourg chaque année, dont un peu moins de 20 % sont exécutées par des juges d'instruction*[3]. » Lorsque, par bonheur, une réponse parvient sur le bureau d'un juge étranger, il arrive que les renseigne-

1. « Enron's Other Strategy : Taxes », *The Washington Post*, 22 mai 2002.
2. *Le New York Times* (18 février 2002) rapporte le cas du constructeur automobile Chevron ou du pétrolier Exxon Mobil, qui utilisent largement cette technique.
3. Rapport de Jean-Pierre Zanotto et Edmondo Brutti-Liberati au Conseil de l'Europe, 18 février 2000.

ments soient inutilisables. Une commission rogatoire est ainsi revenue du Luxembourg avec les mentions suivantes : « *Titulaire du compte : un client de la banque. Bénéficiaire du versement : un autre client de la banque.* »

Si l'information se fait plus précise, des procédures purement dilatoires encombrent les juridictions d'appel. Sur deux ans, en 1997 et 1998, seulement 1,2 % des recours ont abouti, et le reste a été rejeté ! Pour les délinquants financiers, il s'agit, encore et toujours, de gagner du temps. Comme l'Association des banques et des banquiers luxembourgeois le constate benoîtement : « *L'attractivité de la place luxembourgeoise restera forte tant que les moyens alloués à la justice seront aussi faibles.* »

Le projet politique du grand-duché est clair. Pourtant, le Luxembourg est un pays « honorable », qui soigne les apparences pour sauver son statut de pays fondateur de l'Union européenne. Étudier la coopération judiciaire avec les îles Cook, le Liban ou l'île Maurice serait plus désespérant encore[1]. Nous sommes entrés dans un univers kafkaïen où la loi se joue de la loi, puisque la règle de la souveraineté, poussée à son absurde paroxysme, empêche la justice de poursuivre les délits les plus graves au regard du contrat social.

---

1. Entre autres exemples, la monographie consacrée à Monaco par la mission parlementaire française sur les obstacles à la lutte antiblanchiment est édifiante. Ainsi, le procureur général se réserve le droit de récuser les demandes d'informations bancaires « *qui portent atteinte à la souveraineté de la principauté* ».

C'est une étrange justice à laquelle nous avons donné naissance.

UN PIED DE NEZ DU DESTIN

Alors que l'impuissance de la justice face à la délinquance des élites grandissait, on continuait à perfectionner des lois chaque jour plus respectueuses des droits de l'homme, comme un astre mort qui envoie toujours de la lumière alors que son noyau a cessé de rayonner.

« *L'intérêt de puissance et de richesse d'une nation doit disparaître devant le droit d'un seul homme* », écrivait déjà le marquis de Condorcet. Les trente dernières années ont parfait la protection du citoyen face aux abus de pouvoir. La Norvège, à cet égard, est un élève modèle, presque naïf. Je le constate chaque jour depuis mon retour à Oslo. Certains esprits considèrent en toute bonne foi que le fait d'exiger une amende pénale, en plus du paiement de son billet, à un contrevenant monté dans un train sans titre de transport peut constituer une atteinte au respect de ses droits humains ! Au nom du refus de la double peine, la Cour suprême norvégienne a ainsi donné raison, l'été dernier, à un fraudeur aux impôts qui refusait une sanction pénale sous prétexte qu'il avait rendu l'argent et payé une amende. Demain, un braqueur de banque aura-t-il le choix entre le remboursement de son vol, agrémenté de quelques intérêts, et la prison ? Le délit tend à disparaître derrière les arguments de procédure.

J'ai parfois l'impression que le code pénal de mon pays natal est conçu pour un pays peuplé de saints, où les écoutes téléphoniques ne sont possibles que pour les infractions passibles de plus de dix ans de prison et où certains préconisent d'obliger la police à recruter des informateurs à casier judiciaire vierge.

La Norvège est le point extrême d'une approche selon laquelle le degré de démocratie d'un État se mesure à l'État de droit, ce Graal démocratique qui est une sorte d'architecture juridique idéale où chaque citoyen bénéficierait de toutes les protections possibles de son intégrité physique et psychologique.

Nul ne conteste aux autorités de poursuite le droit de violer l'intimité des citoyens (leurs comptes bancaires, leur domicile, leurs appels téléphoniques, leur liberté d'aller et venir) lorsqu'un délit a été commis. Mais personne n'a encore tiré les leçons du fait que, pour une catégorie particulière de délits — la grande corruption, les activités mafieuses, le blanchiment —, les criminels bénéficient du sas de protection imparable des paradis bancaires, avec leur souveraineté de pacotille, empêchant ainsi les autorités d'exercer leurs prérogatives élémentaires.

Quand les avoirs détenus dans les seules îles anglo-normandes approchent la moitié du PIB de la Grande-Bretagne[1], le contrat social est rompu. L'égalité des citoyens devant la loi n'est plus garantie. Pire encore, les protections individuelles accordées par l'État de droit donnent à la grande corruption un atout supplémentaire pour affermir leur impunité.

Ubu roi de nouveau.

Par une ironie de l'Histoire, l'une des deux grandes juridictions européennes, la Cour de justice, siège à... Luxembourg ! Dans ses arrêts sur la concurrence, celle-ci se réfère de plus en plus fréquemment à la protection des droits humains fondamentaux[2]. Or les juges communautaires sont installés à quelques centaines de mètres des trois cent vingt établissements financiers du grand-duché, parmi lesquels la chambre de compensation Clearstream, un rouage essentiel du jeu dangereux des produits dérivés : 50 000 milliards d'euros échangés par an, 16 000 comptes ouverts par des établissements originaires de cent cinquante pays, dont quarante et un paradis fiscaux[3]... La Cour de justice cohabite sans vergogne avec les douze mille sociétés écrans immatriculées à Luxembourg,

---

1. *Cf. Le Monde*, 21 novembre 1998.
2. *Cf. Symposium du Luxembourg, Question écrite du Parlement européen*, n° 373, de Lord Kirkhill, et communiqué de la Fédération internationale des ligues des droits de l'homme.
3. Une instruction judiciaire a été ouverte contre Clearstream le 15 mai 2001 pour « *escroquerie fiscale, faux et usage de faux, fabrication de faux bilan, non-dénonciation de crimes financiers et blanchiment* ». Le « *scénario de manipulations systématiques* » a cependant été écarté par le procureur Carlos Zeyen dans un communiqué rendu public le 9 juillet 2001.

ce havre pour la délinquance financière où, par un pied de nez du destin, le même homme occupe les fonctions de ministre du Trésor et de ministre de la Justice[1].

LE NOUVEAU CRIMINEL

Tous les magistrats européens qui se sont affrontés à la grande délinquance financière ont été soumis à une guérilla procédurale de chaque instant par des cohortes d'avocats rompus aux subtilités de procédures de plus en plus byzantines, qui tournent à l'absurde dès que les flux suspects ont franchi les frontières.

Dans la seule affaire de la *Guardia Civil* espagnole, on a compté quatre-vingt-treize recours devant les tribunaux suisses visant à empêcher la transmission d'informations judiciaires à Madrid[2]... À la fin de ses quinze ans de mandat à la tête du parquet de Genève, Bernard Bertossa passait la moitié de son temps à gérer les recours ou les procédures dilatoires.

La procédure Elf a connu plus de vingt recours auprès de la chambre de l'instruction. Les dernières demandes de nullité n'ont été jugées qu'au

1. *Cf.* Agefi, 16 septembre 1998. L'AFP (18 avril 1997) estime à un seul contrôle tous les soixante ans la probabilité d'une vérification des holdings luxembourgeoises, compte tenu des maigres effectifs.
2. Conférence de Bernard Bertossa à New Delhi pour le compte de l'OCDE, février 2002.

bout de dix-huit mois. Les citoyens qui assistent, jour après jour, au compte rendu des audiences du procès Elf peuvent juger de l'ampleur des détournements présumés mis au jour par notre enquête. Pourtant, le barreau de Paris a dénoncé des méthodes « *mettant en cause les libertés publiques les plus fondamentales* ». Les mots « *récusation* », « *forfaiture* », « *partialité* », « *dérives* » ont été prononcés presque chaque jour, sept ans durant, par les plus hautes autorités morales, judiciaires et politiques françaises.

En Italie, l'enlisement de *Mani Pulite* doit beaucoup aux difficultés croissantes des procédures pénales en matière de délinquance financière. « *Sur les sept cents commissions rogatoires internationales envoyées par l'Italie, en dix ans, vers vingt-neuf pays, 40 % restent aujourd'hui encore sans réponse. Il est devenu presque impossible de poursuivre les délits de faux dans les bilans tant le délai de prescription est court* », explique Gherardo Colombo, le procureur de Milan[1].

Au-delà des obstacles juridiques mis sur leur route, les magistrats italiens ont dû affronter une réaction violente des élites dirigeantes, au nom des droits de l'homme. « *Il y a eu un martèlement médiatique pour faire croire, contrairement à la vérité, que* Mani Pulite *avait été une opération politique et non judiciaire. Face à ce matraquage, les citoyens ont commencé à éprouver des doutes sur l'action des magistrats anticorruption* », témoigne Antonio Di Pietro[2].

1. Cité par *L'Hebdo*, 4 avril 2002.
2. Cité par *Libération*, 12 décembre 2001.

L'ancien président de la République, Francesco Cossiga, a eu des mots terribles : *« Les magistrats du pool antimafia sont des tortionnaires moraux, politiques et juridiques »* ; Silvio Berlusconi a comparé *Mani Pulite* à un cancer, et ses compagnons de route dénoncent l'année 1993 comme *« l'année de la grande terreur judiciaire »*, en référence à Robespierre. Signe des temps : les protecteurs de la délinquance transfrontalière et de la grande corruption ont renversé les rôles et les mots : le mouvement du nouveau président du Conseil s'appelle la « Maison des libertés ».

Mais qui menace le contrat social ? Les criminels ou ceux qui les poursuivent ? Les choses ne peuvent plus continuer ainsi.

Les décisions de la Cour européenne des droits de l'homme, ces dernières années, donnent une triste image de nos sociétés : des mafieux relâchés, des trafiquants de drogue en quête du « procès équitable » après l'enlisement de leur justice nationale, surchargée, incapable de tenir les délais... On imagine sans peine ce qu'il adviendra lorsque seront intégrés à l'Union européenne des pays largement atteints par le syndrome mafieux, de la Pologne à la Turquie. Pourtant, chacun a raison : sur le plan du droit, il n'est pas sain de laisser des procédures s'étaler sur dix ou quinze ans, et le procès équitable est un idéal démocratique majeur.

Mais sur le plan pratique, il n'est pas envisageable de laisser l'impunité actuelle bénéficier plus longtemps aux mafieux et aux acteurs de la grande corruption, ni d'assister sans réagir au détournement de l'esprit de nos lois par la souveraineté artificielle de quelques territoires tirant leur prospérité du crime et de la fraude.

Deux solutions sont possibles.

La première est expérimentée de manière dure en Italie et douce en France : c'est la fin des affaires. On reprend en main le système judiciaire, on fait voter de nouvelles lois favorables à la grande corruption ou freinant la coopération judiciaire entre États, et le tour est joué. Par un effet d'illusion, le législateur fait disparaître la trace du délit à défaut de le combattre lui-même. Gherardo Colombo estime ainsi que la nouvelle loi sur les falsifications de bilan, par son effet rétroactif, conduira, pour cause de prescription, à l'annulation de la moitié des procédures de *Mani Pulite*. On peut bien sûr légitimer la fraude fiscale et compliquer à l'extrême la procédure d'entraide pénale[1]. Mais la démocratie ne sera plus qu'une façade.

Est-ce dans ce monde-là que nous voulons vivre ?

Nous devons inventer de nouvelles approches politiques et juridiques pour ces délits qui se jouent des frontières. L'ampleur des crimes d'argent est un défi politique. Un délinquant financier n'a rien

---

1. « *S'il manque le moindre tampon sur l'un des documents transmis — les dossiers pouvant parfois comporter plusieurs milliers de pages —, les défenseurs de l'inculpé peuvent exiger l'invalidation du dossier. De même, pour être recevable en Italie, un document saisi à l'étranger devra l'être à travers des procédures identiques à celles prévues par le code pénal italien, sous peine d'être repoussé. Un casse-tête pour les juges de la Confédération helvétique.* » (*Le Temps*, 4 octobre 2001.)

de ces « types criminels », que les criminologues du XIXe siècle s'appliquaient à définir : mine patibulaire et balafre sur la joue. C'est un homme respectable, en costume sombre, chaussures fait main, montre ultraplate et décorations à la boutonnière. Il vit dans deux mondes parallèles qui, dans son esprit, ne se rejoignent jamais. Ses actes personnels ne relèvent pas de la loi commune. Il se sent au-dessus des lois parce qu'il les achète, les contourne ou les viole.

C'est à nous d'opposer une réponse à la hauteur du défi qu'il nous lance.

L'espoir

Pendant vingt ans, comme magistrat, j'ai été tenue au silence. Désormais, mon seul pouvoir est la parole. Par ce récit, je raconte l'univers que j'ai découvert ; j'essaie de donner un sens à cette kyrielle de scandales qui choquent le sens commun. En soi, c'est déjà une action. Car le regard que nous portons sur le monde nous construit. Il nous permet d'avancer sur une terre ferme. « *L'ensemble des croyances et des sentiments communs d'une société forme un système qui a sa vie propre ; on peut l'appeler la conscience collective* », écrivait Émile Durkheim[1]. C'est bien de notre conscience collective qu'il s'agit dans ces pages.

J'ai placé ce livre sous le patronage de l'historien Marc Bloch, dont le récit sur le vif de « l'étrange défaite » de 1940 a su, par la lucidité dont il témoigne, donner un sens à son engagement dans la Résistance, et sous la protection tutélaire de Primo Levi, dont l'œuvre est restée souterraine pendant

1. De la division du travail social, livre I, chapitre 2.1, PUF.

quinze ans : parce qu'il faut souvent attendre dans la solitude, à contre-courant, jusqu'à ce que l'esprit soit prêt à entendre la vérité. Une parole juste, même si elle dérange parce qu'elle brise un tabou, peut, à sa mesure, remettre le monde à l'endroit.

La mondialisation financière et la révolution technologique ont profondément bouleversé nos repères. Sans bornes, sans règles, en silence, la grande corruption s'est répandue au risque de faire imploser nos démocraties et de détruire la confiance, cet ingrédient indispensable à toute action politique. Parce qu'un monde a disparu, emportant avec lui un ensemble de valeurs, de pratiques et de références qui ne coïncidaient plus avec la réalité, nous avons cru que les notions de justice et d'injustice n'avaient plus de sens. Et qu'elles avaient été recouvertes par la seule valeur universelle : l'argent.

Nous avons eu tort.

Rien ne disparaît de la conscience collective : tout se transforme. À la fin du XVIIIe, les philosophes du siècle des Lumières ont cherché à traduire leur conception de la société dans le droit pénal. Ils ont établi un nouvel équilibre des délits et des peines, bannissant la torture et la peine de mort, protégeant l'individu contre les abus de pouvoir. La grande transformation des équilibres économique et planétaire nous incite à notre tour à inventer un nouvel ordre des délits et des peines qui remédie à l'impunité des élites et rétablit l'équilibre de la justice.

La création du Tribunal pénal international a été une première réponse. La lutte contre la grande corruption en sera une seconde. Il faudra sans doute à l'une et à l'autre plus d'une génération pour renverser le cours des choses. Mais la relève est là.

Indiscutable.

Pour cristalliser le mouvement international de lutte contre la grande corruption, j'ai voulu rassembler dans un texte simple, compréhensible par tous, une série de mesures essentielles destinées à faire reculer l'impunité. Elles sont d'un faible coût pour la collectivité — surtout au regard des injustices qu'elles réparent. J'ai demandé à des hommes et des femmes que j'admirais de s'engager à découvert et de porter cette *Déclaration de Paris* avec moi.

L'écho le plus fort que j'ai rencontré vient des femmes et des hommes qui ont lutté pour la liberté, comme la famille d'Aung San Suu Kyi[1], Pius Njawe ou Wole Soyinka, et de ceux qui savent le coût moral et politique de la grande

1. Un émissaire devait présenter le texte de la Déclaration de Paris à Aung San Suu Kyi début juin. J'attachais un grand prix à une signature éventuelle de cette figure universelle des Droits de l'Homme, qui a souvent protesté contre la corruption du pouvoir et dénoncé l'appui apporté au régime par de grandes firmes internationales, dont le pétrolier français Total. Malheureusement, la junte militaire a décidé, une nouvelle fois, d'arrêter le Prix Nobel de la Paix. Symboliquement, le lancement de la Déclaration de Paris lui sera dédié.

corruption, tels Salviero Borelli, David M. Crane ou Bernard Bertossa. Cela ne m'a pas étonné. Résister aux abus du pouvoir et empêcher le pouvoir d'échapper à la loi sont les deux faces d'un même combat pour la dignité humaine. Seule l'inversion des valeurs, propre aux époques de mutation, a pu laisser penser que la lutte contre la corruption menaçait les droits de l'homme.

La *Déclaration de Paris* est un jalon posé sur la route. Elle énonce trois principes simples pour reconstruire une justice juste.

La transparence est le corollaire de la liberté.

La transparence sans liberté, c'est une atteinte aux droits humains. La liberté couplée avec l'opacité, c'est la porte ouverte au crime.

La mondialisation judiciaire est indispensable à la mondialisation économique.

Les pays qui protègent l'argent du crime ou de la fraude doivent être bannis du jeu et interdits bancaires.

Le crime des élites est une atteinte aux intérêts supérieurs de la nation.

Des peines accrues, l'instauration de la confiscation civile[1] et la veille bancaire sont les instru-

---

1. Ce principe existe en Irlande — *Proceeds of crime act* 1996 — et au Royaume-Uni — *Proceeds of crime act* 2002. Il offre la possibilité aux tribunaux de confisquer, sans procès pénal, les biens dont le propriétaire ne peut justifier l'acquisition par des ressources légitimes.

ments de la prévention et de la répression de cette rupture profonde du lien social.

Ces idées sont aujourd'hui largement minoritaires — elles n'en sont que plus précieuses à mes yeux. Car il suffit parfois de trois fois rien, d'un simple événement, pour rompre un ordre des choses apparemment immuable.

L'une des rencontres les plus étonnantes qu'il m'ait été donné de faire depuis mon retour en Norvège a sans doute été celle avec Kristian Ottosen, l'un des derniers survivants du Struthof[1].

Je me suis passionnée pour son histoire. D'abord, parce que en prônant une répression accrue de la grande corruption et des moyens de poursuite renforcés contre la délinquance des élites, il est toujours bon de se rappeler les ravages d'un système qui, en voulant éliminer le mal, l'autre, le juif, a imposé un État tout puissant et instauré l'enfer. En luttant contre la grande corruption, nous ne cherchons pas à détruire des hommes intrinsèquement mauvais, mais à rétablir l'équilibre entre le faible et le fort.

Au-delà, l'action de cet homme est fascinante.

Déporté au camp de Sachsenhausen, il parlait l'allemand, ce qui lui a permis de bénéficier d'un travail protégé au bureau de poste du camp. Il aurait pu se recroqueviller sur lui-même et atten-

---

1. Le Natzweiler-Struthof, en Alsace, est le seul camp de concentration nazi qui fut installé sur le sol français.

dre la fin du cauchemar en profitant de son sort, plus enviable que celui de ses camarades de douleur. Mais il a eu une idée toute simple. Les autorités norvégiennes envoyaient des colis aux déportés. Beaucoup arrivaient à la mauvaise adresse, dans le vide. L'opération Nuit et brouillard était justement conçue pour que les déportés disparaissent sans laisser de traces. Alors, avec un simple crayon et une feuille volée, Kristian Ottosen décida de mener son enquête, ingénument, en questionnant les déportés qui arrivaient d'autres camps sur tel ou tel nom, « inconnu à cette adresse », pour retrouver le lieu où ils étaient détenus. Il découvrit ainsi l'existence d'un camp invisible, non répertorié : le Struthof, où il allait être déporté par la suite.

Un par un, des mois durant, il a pu dresser une liste de milliers de déportés norvégiens, avec leur lieu exact de détention. Puis il a fait sortir ce document du camp en le confiant à une jeune Norvégienne héroïque, Wanda Heger, qui pouvait y entrer et en sortir chaque semaine. La liste a permis, via la médiation de la Croix-Rouge suédoise, l'opération de ces trente « bus blancs » qui ont traversé l'Allemagne de camp en camp pour libérer l'ensemble des déportés scandinaves.

J'y vois une métaphore de la possibilité que nous avons tous, chacun à sa place, et à l'échelle de son destin individuel, de rendre le monde légèrement meilleur. Si cet homme a réussi ce prodige

dans le pire des mondes, pourquoi n'arriverions-
nous pas à agir dans notre monde libre ?

Souvent, mes amis se désespèrent des histoires
que je raconte. Il est possible que ces pages les
effraient davantage encore. Ils se tromperaient
alors sur les leçons à tirer de mon récit. Même si,
de la première à la dernière page, il est question
du crime, c'est un livre d'espoir. Réprimer n'est
un idéal pour personne, et la figure du justicier
nous inspire une méfiance légitime. *Qui veut faire
l'ange fait la bête...* À titre personnel, le fait de lutter,
de contraindre, d'arrêter, de poursuivre, de mettre
en prison ou de renvoyer devant un tribunal des
hommes et des femmes a été, continuellement,
un contre-emploi. L'image de « la femme de fer »
est sans doute la plus éloignée de ma vérité profonde : elle confond ma nature avec la dureté de
l'histoire que j'ai traversée. Dans la vie, je n'aime
rien d'autre que donner à autrui et recevoir de
l'amour. Mon idéal aurait été, comme Candide,
de cultiver mon jardin.

Les événements se sont enchaînés autrement.
Mais si l'exercice de l'autorité m'a été intérieurement pénible, je suis fière de l'avoir assumé. Car
c'est une fonction indispensable à la vie en société.
Rendre la justice est une forme de création, qui
apaise les souffrances et prévient des malheurs
évitables. La sanction est semblable aux phares le
long des côtes : elle nous guide.

Et parfois, elle nous éclaire.

J'écris les dernières pages de ce livre dans la grande explosion de la nature. Le 26 septembre dernier, je me baignais encore dans le fjord d'Oslo, dans l'eau tiède de la mer à plus de 20 °. Quinze jours plus tard, la neige était là. Elle est restée jusqu'en avril sur la colline où j'habite. Il m'a suffi de m'absenter une semaine à l'étranger et, à mon retour, les bourgeons s'ouvraient déjà. Personne ne goûte autant la lumière que ceux qui en sont privés six mois durant. *La nuit d'hiver dehors* que j'ai vécue au cours de ces années de combat et de menaces n'aura pas été vaine. Je goûte sans doute davantage les saveurs de ce printemps dont les couleurs sont accrues. Mais je veux surtout témoigner, devant tous, qu'un avenir est possible.

Paris et Oslo, août 2002-mai 2003

LA DÉCLARATION DE PARIS

Nous, signataires de cet appel, venus du nord et du sud, de l'est et de l'ouest, nous dénonçons les effets dévastateurs de la grande corruption, avec son corollaire : l'impunité.

*

L'explosion des marchés ouverts a favorisé des pratiques de prélèvements, de commissions et de rétrocommissions qui se sont développées de manière inquiétante, au point d'envahir des secteurs entiers de l'économie.

Les activités les plus sensibles sont l'énergie, les grands travaux, l'armement, l'aéronautique et l'exploitation des ressources minières.

Sur ces marchés d'intérêt national, quelques grandes sociétés ont intégré la corruption comme un moyen d'action privilégié. Ainsi, plusieurs milliers de décisionnaires à travers le monde échappent à tout contrôle.

*

La grande corruption bénéficie de la complicité de banques occidentales. Elle utilise le circuit des sociétés *offshore*. Elle profite de la soixantaine de territoires ou d'États qui lui servent d'abris.

LA GRANDE CORRUPTION EST UNE INJUSTICE

Elle provoque une ponction de richesses dans les pays du Sud et de l'Est. Elle favorise la constitution de caisses noires ou de rémunérations parallèles à la tête des grandes entreprises. Elle rompt la confiance nécessaire à la vie économique.

Parce qu'elle atteint parfois le cœur du pouvoir, la grande corruption mine les vieilles démocraties occidentales. Elle entrave le développement des pays pauvres et leur liberté politique.

*

Alors que la globalisation a permis la libre circulation des capitaux, la justice financière reste entravée par des frontières qui n'existent plus pour les délinquants. La souveraineté de certains États bancaires protège, de manière délibérée, l'opacité des flux criminels. Logiquement, les bénéficiaires de la grande corruption ne font rien pour améliorer la situation.

*

Il convient de tirer les conséquences de cette inégalité devant la loi dont profite la grande corruption. Il est indispensable de rétablir les grands équilibres de nos démocraties. Plutôt que d'espérer une vaine réforme de ces États, il est possible d'inventer de nouvelles règles pour nous-mêmes.

À un changement de monde doit correspondre un changement de règles.

AUSSI NOUS DEMANDONS

I. *Pour faciliter les enquêtes*

— la suspension des immunités diplomatique, parlementaire et judiciaire le temps des enquêtes financières (le renvoi devant un tribunal restant soumis à un vote sur la levée de l'immunité) ;

— la suppression des possibilités de recours dilatoires contre la transmission de preuves aux juridictions étrangères ;

— l'interdiction pour les banques d'ouvrir des filiales ou d'accepter des fonds provenant d'établissements installés dans des pays ou des territoires qui refusent, ou appliquent de manière purement virtuelle, la coopération judiciaire internationale ;

— l'obligation pour tous les systèmes de transfert de fonds ou de valeurs, ainsi qu'aux chambres internationales de compensation d'organiser une traçabilité totale des flux financiers comportant l'identification précise des bénéficiaires et des donneurs d'ordre, afin qu'en cas d'enquête pénale, les autorités judiciaires puissent remonter l'ensemble des opérations suspectes.

II. *Pour juger effectivement les délinquants*

— la création d'un délit « d'enrichissement illicite » lorsqu'il existe un écart entre le train de vie et les ressources officielles supérieur à 1 million de dollars, et la « confiscation civile » des fonds dont l'origine licite ne peut être établie par leur bénéficiaire ;

— la création d'un crime de « grande corruption » applicable aux détournements supérieurs à 10 millions de dollars et passible d'une peine similaire à celle prévue contre les atteintes aux intérêts fondamentaux de la nation.

III. *Pour prévenir la grande corruption*

— l'obligation pour les sociétés cotées de consolider géographiquement leurs comptes, pays par pays, pour que concordent les ressources officielles des États miniers et les versements effectifs ;

— donner compétence à la justice du pays où est établi le siège social des sociétés multinationales pour poursuivre les délits de corruption commis par l'une de leurs filiales à l'étranger, si le pays où est commis par le délit ne peut ou ne souhaite pas poursuivre l'affaire ;

— la mise en place d'une veille bancaire autour de *dirigeants politiquement exposés* et de leur entourage. Par *dirigeants politiquement exposés*, nous entendons les hommes et les femmes occupant des postes stratégiques au gouvernement, dans la haute administration et à la direction générale des entreprises privées intervenant dans les secteurs « à risques » ;

— les portefeuilles de titres et les comptes bancaires des *dirigeants politiquement exposés*, ouverts dans leur pays ou à l'étranger, ainsi que ceux de leurs proches, seront soumis à une procédure d'alerte lors de tout mouvement important, avec

l'instauration d'une obligation pénale de signale-
ment pour les cadres bancaires et les gestionnaires
de titres.

*

Combattre la grande corruption est un préalable
à toute action politique authentique. Nous devons
restaurer la confiance dans les élites politiques et
économiques. À l'heure de la globalisation, la responsabilité de ceux qui nous dirigent est immense.
Elle doit échapper au soupçon, pour permettre
l'espoir.

Si vous voulez signer à votre tour
la Déclaration de Paris,
vous pouvez photocopier les pages précédentes
et envoyer votre signature et vos coordonnées
à l'adresse suivante :

> Les Arènes
> Déclaration de Paris
> 33, rue Linné
> 75005 Paris
> France

Vous trouverez tous les renseignements concernant notre mouvement sur les sites www.declarationdeparis.org (en français) ou www.parisdeclaration.org (en anglais) et signer le texte par e-mail. La liste complète des signataires y figure ainsi que le texte en plusieurs langues.

REMERCIEMENTS

En Norvège, merci à Helle et Anniken, Guro, Jens-Petter, Rolf-Einar, Per-Ludvig, Bjørg, Jørn, Olav, Sonja, Marit, Kari, Tone, Anne-Mette, Katherine, Atle, Jan et Unn.

En France, merci à Patricia, Tanja, Julien, Caroline, Thomas, Dominique, Christian, Pierre, Serge, Jacques, Vincent, Emmanuel, Laurence, Elisabeth, Jean-Baptiste et Sophie.

Aux États-Unis, merci à David, Kristina, Lucy et Enery.

En Italie, merci à Leo.

Au Mexique, merci à Raoul.

Aux Philippines, merci à Jak.

En Suisse, merci à Gretta.

En Inde, merci à Anita, Arne et Mahendra.

Au Canada, merci à Louise.

Au Royaume-Uni, merci à Lucinda et Michel.

DU MÊME AUTEUR

Aux Éditions des Arènes

EST-CE DANS CE MONDE-LÀ QUE NOUS VOULONS VIVRE ? (Folio Documents n° 19)

NOTRE AFFAIRE À TOUS (Folio Documents n° 4)

Aux Éditions Economica

L'ABUS DE BIENS SOCIAUX : À L'ÉPREUVE DE LA PRATIQUE (en collaboration avec Caroline Joly-Baumgartner)

Composition Nord Compo.
Impression Société Nouvelle Firmin-Didot
à Mesnil-sur-l'Estrée, le 15 avril 2004.
Dépôt légal : avril 2004.
Numéro d'imprimeur : 68052.

ISBN 2-07-031482-0/Imprimé en France.